날씨가 좋으면 행복이 비쳐요!!

★ 세상가득 ★

어린이 기상예보

주니어골든벨

머리말

지금 지구는 온난화가 진행 중이에요. 최근에 여름은 예년보다 더위가 더 심해졌을 뿐만 아니라 40℃를 넘는 경우도 드물지 않아요. 또 해마다 대형 태풍이 찾아온다거나, 지금까지와 달리 강이 넘칠 정도의 큰 홍수가 발생하는 등 자연재해도 심해지고 있습니다.

강력한 자연재해가 전 세계적으로 자주 발생하면서 기상에 관한 관심도 높아지고 있는데요. 기상 변화를 오차없이 예측한 상태에서 지구온난화 대책부터 재해대책까지 준비해야 합니다.

예전에는 학교에서 일기도를 그리는 교육도 있었지만 요즘에는 학교에서 기상학이나 지리학을 배울 기회가 줄어들고 있습니다.

이 책은 미래에 활약할 어린이 여러분에게 기상에 대하여 더 많은 관심을 갖는 계기가 되기를 바랍니다.

일본 지형과 날씨 정보에 대한 원서의 일부 내용을 우리 어린이들의 이해를 돕기 위해, 우리나라 실정에 맞도록 삭제 및 수정하여 편집하였습니다.

날씨를 알아야 행복이 보인다!

우리는 흔히 날씨에 대해 그다지 중요하게 생각하지 않는 듯 합니다. 그러나 전 세계가 기후 변화로 호된 몸살을 앓고 있고 다가올 미래는 걱정스럽기만 합니다.

이것은 자연 재해로 인명, 재산, 생활 자체가 송두리 채 흔들리고 있기 때문이지요.

사계절이 뚜렷한 우리나라에도 이상 기후 현상으로 봄, 가을이 짧아지고 여름, 겨울이 길어지고 있어요. 여름마다 기록적인 폭염을 경험하고 있습니다. 따뜻한 바람의 유입으로 괴물 열파(Monster Heat Wave) 때문에 평년보다 1.6도 높은 평균 13.5도를 찍고 있습니다. 또한 폭우로 많은 사람이 생명을 잃거나 다치는 사람들이 많아지고 있습니다. 이런 현상이 매년 자주 있을 것이라는 우려가 크기 때문에 환경과 기후를 가볍게 여길 수 없게 되었습니다.

이렇듯 극단적인 기후 현상을 인간의 힘으로는 절대 막을 수 없습니다. 이제부터라도 우리는 날씨에 관한 지식과 관심을 가지고 재난 시 긴급 대처할 수 있는 어린이가 되었으면 하는 마음에서 이 책을 만들게 되었습니다.

앞으로 이 땅에 살아갈 우리 모두와 여러분의 꿈나무를 위해서라도…

2023. 08
지식발전소

대기 속에서 나타나는 물리적 현상을 '대기현상'이라고 해요.

맑았다, 흐렸다, 비가 내리거나, 천둥번개가 치기도 하고... 이런 날씨 변화는 지구를 둘러싼 대기가 기온이나 기압 등을 변화시킨다든가, 수증기가 물로 변하면서 일어난다고 해서 「대기현상(기상)」이라고 부릅니다. 기상학은 이러한 현상을 배우는 학문이에요.

일기예보는
기상위성 등의 관측이나
슈퍼컴퓨터가 계산한 결과 등을
바탕으로 발표됩니다.

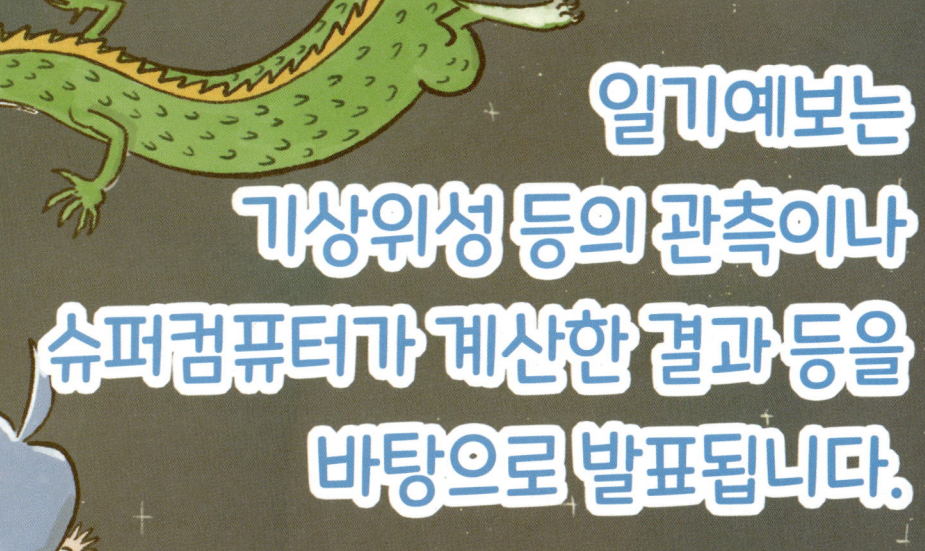

기상위성 천리안은
지구에서 수 만 킬로 떨어진
지점에서 밤낮 없이
우리를 지켜본다는 거야!

기상위성 등이 관측한
기상 데이터를 바탕으로
슈퍼컴퓨터가 매일같이
날씨를 계산하고 있는 거지!

차례

머리말 — 02
일러두기 — 16

1장 기상을 알아봐요! — 17

대기란 무엇일까? — 18
대기의 네 가지 층은? — 20
대기는 안정한가, 불안정한가? — 22
비를 내리게 하는 적란운이란? — 24
대기를 움직이게 하는 에너지는 무엇일까? — 28
대기 흐름은 어떻게 일어나나? — 32
코리올리의 힘이란? — 34
기압이 뭐지? — 36
고기압·저기압이란? — 38
바람은 왜 불지? — 40
비가 되어 내린 물은 어디로 갈까? — 44
우리 주변의 대기 — 48
구름은 어떻게 만들어질까? — 50
비는 왜 내릴까? — 52
칼럼 ▶ 플라스틱 병으로 구름을 만들어 봐요. — 54

2장 여러 가지 날씨의 모습들! ·············· 55

- 10가지 구름의 종류 ——— 56
- 구름 색깔은 흰색만 있을까? ——— 58
- 구름 모양은 왜 제각각일까? ——— 60
- 구름 색깔은 어떻게 만들어지나? ——— 64
- 무지개는 어디에 나타날까? ——— 66
- 지표면 위에도 구름이 있다고? ——— 68
- 여러 가지 비의 종류 ——— 70
- 눈은 얼음입자가 무거워져서 떨어지는 것 ——— 72
- 겨울에 동해 쪽에서 눈이 잘 내리는 이유는 뭘까? ——— 74
- 온도와 습도에 의해 결정되는 눈의 결정 ——— 76
- 우박이나 싸락눈은 딱딱한 눈일까? ——— 78
- 바람은 어떻게 만들어지나? ——— 80
- 태풍은 어떻게 만들어질까? ——— 84
- 태풍의 이름은 어떻게 지을까? ——— 88
- 천둥번개의 시작은 정전기로부터 ——— 90
- 천둥번개가 떨어지면 불이 난다고?! ——— 94
- 강력하게 소용돌이치는 토네이도 ——— 96
- 집중호우가 뭐지? ——— 100
- 엄청난 피해를 주는 선상 강수대의 정체 ——— 104
- 구름 사이로 보이는 햇살 ——— 106
- **칼럼** 플라스틱 병 안에서 물 회오리를 만들어 보자! ——— 108

3장 일기예보에 대해 알아봐요! 109

- 일기예보는 언제부터 시작했을까? ——— 110
- 일기예보에서 빼놓을 수 없는 일기도 ——— 112
- 날씨는 어떻게 예측할까? ——— 118
- 무엇을 사용해 관측하지? ——— 122
- 비 올 확률을 잘 활용해 보자구요! ——— 130
- 일기예보에서 알 수 있는 것 ——— 132
- 일기예보는 어디까지 예측할 수 있을까? ——— 138
- 자연재해 우려를 알려주는 주의보와 경보 ——— 140
- 태풍의 진로는 어떻게 알아내지? ——— 142
- 폭염경보는 어떻게? ——— 146
- 온대 저기압과 열대 저기압의 차이는? ——— 148
- 전선이 뭐지? ——— 150
- 일기예보와 환경문제 ——— 154
- 칼럼 관측정보 이해하기! ——— 156

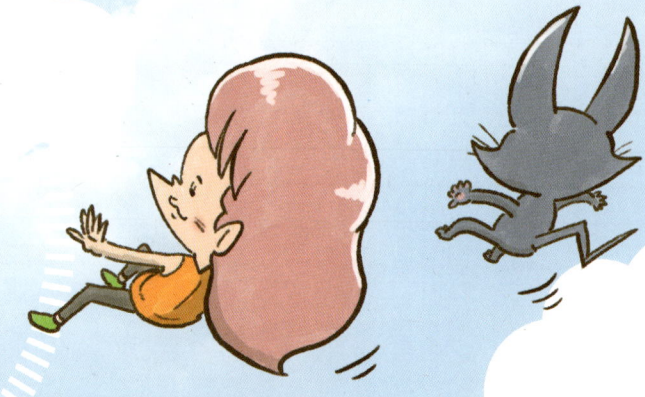

4장 세계의 날씨와 기후 ·················· 157

다양한 지구의 날씨 —————————————— 158
왜 우리나라는 사계절이 있을까? ——————— 164
한반도 주변의 네 가지 기단 ————————— 166
인간의 활동이 기후변화의 원인! ——————— 176
이상기후란 어떤 날씨일까? —————————— 180

부록 1

좀 더 알고 싶다! ① 미래의 기상관련 일에 꿈을 꿉니다! —— 192
좀 더 알고 싶다! ② 기상예보사가 되어보자. ————— 194
도전! ① 일기도를 만들어 보자! ———————————— 196
도전! ② 자신만의 표준관측목를 정해서 개화시기를 적어보자. — 198

부록 2 – 용어풀이 ———————————————— 200
　　　　　찾아보기 ———————————————— 206

일러두기

1장 기상을 알아봐요!

「기상」은 대기 속에서 일어나는 대기현상의 줄임말인데요. 여기서는 기초적인 내용을 위주로 살펴볼게요.

2장 날씨의 여러 가지 모습들!

대기 속에서 날마다 일어나는 날씨의 여러 가지 모습을 알아볼게요.

3장 일기예보에 대해 알아봐요!

일기예보는 기상위성을 통해 수집한 정보를 바탕으로 만들어지는데요. 여기서는 그 과정부터 일기도 보는 방법 등을 알아볼게요.

4장 세계의 날씨와 기후

세계의 기후 특징부터 근래에 자주 듣게 되는 지구온난화에 관한 상황까지 살펴볼게요.

이 책의 길잡이

곰 선생
기상학 선생님. 날씨 이야기를 알기 쉽게 설명해 줍니다.

같이 공부할 친구들

날씨에 관해 여러 가지 것들을 알려주는 동물 친구들

제비
「낮게 날면 비가 온다」는 제비

고양이
「얼굴을 씻으면 비가 온다」는 고양이

용
옛날부터 날씨를 관장하는 신으로 잘 알려진 용

개구리
「비가 내리면 운다」는 개구리

1장

기상을 알아봐요!

이 장에서는 지구를 둘러싸고 있는 대기 상태와
대기 속에서 일어나는 현상인
「대기현상(기상)」에 관해 알아보겠습니다.
본문에서는 하루하루의 날씨부터 기후변화까지 설명하겠지만,
우선 기상에 관해 이해해 보도록 할까요?

1 기상을 알아봐요!

대기란 무엇일까?

대기란 지구의 힘으로 묶여 있는 하늘의 공기를 말해요.

지구에서 살아가는 모든 생명과 우리 인간에게도 소중한 공기. 지구의 인력으로 지표면 근처에 머물러 있는 공기를 <u>대기</u>라고 합니다. 대기의 성분은 질소 78%와 산소 21%가 대부분을 차지하고, 그 외 날씨에 중요한 영향을 끼치는 수증기나 지구온난화의 원인인 이산화탄소(CO_2) 등이 포함되어 있습니다. 대기는 80km까지는 공기가 잘 섞여 있고 성분도 비슷하지만, 그 이상의 하늘에서는 더 높아질수록 가벼운 기체가 많아집니다.

산소가 없다면 살지 못해요!

산소는 생명에게 아주 중요해요. 음식을 통해 섭취한 영양분과 숨을 쉬면서 빨아들인 산소가 결합되어 생명이 살아가는데 필요한 에너지를 만들어주기 때문입니다. 또 물체가 불에 탈 때도 산소와 탄소가 결합되어 에너지가 생기는데요.

생명이 에너지를 만들어낼 때나 물체가 탈 때, 산소가 탄소와 결합되어 이산화탄소가 생기는 것입니다.

숯불로 고기를 구울 때 부채로 부쳐주면(공기를 보내면) 빨갛게 되면서 잘 타잖아!

대기가 있는 행성

태양계 안쪽에 있는 행성 가운데 지구형 행성으로 불리는 것들로는 수성과 금성, 지구, 화성이 있어요. 크기가 클수록 공기를 끌어당기는 인력(引力)이 강하죠. 하지만 수성은 지구보다 훨씬 작고 화성도 지구보다 작기 때문에, 수성에는 대기가 거의 없고 화성에도 대기가 조금밖에 없습니다. 지구와 금성은 거의 비슷한 크기이며 인력이 강하기 때문에 대기를 붙잡아 둘 수 있어요.

다만 금성의 대기는 대부분 이산화탄소인데요. 그러므로 이산화탄소의 온실효과로 인해 낮이나 밤 모두 460℃나 될 만큼 뜨겁습니다.

지구에도 처음부터 산소가 있었던 것은 아니에요. 식물의 조상들이 햇빛을 사용해 이산화탄소와 물로부터 영양분을 만든 다음 산소를 방출하는, 광합성이라는 활동을 시작하면서부터 산소가 많아진 것입니다.

1 기상을 알아봐요! 대기의 네 가지 층은?

대기는 지표면부터 위쪽을 향해 4개의 층으로 나눌 수 있습니다.

열권
전자 에너지의 영향을 받아 온도가 높기 때문에 열권이라고 해요. 공기는 아주 적고 질소 등과 같은 무거운 기체가 아래쪽, 헬륨 등과 같은 가벼운 기체가 위쪽에 많다는 점이 특징입니다. 또 북극이나 남극에 가까운 지역에서는 아름다운 오로라가 발생하죠. 열권에는 별똥별(유성)이나 인공위성도 날아다녀요.

중간권
중간권에서는 고도가 높아질수록 온도가 내려가요. 중간권 아래쪽에는 오존층이 있는데, 오존층은 태양에서 오는 빛(자외선)을 흡수해 따뜻하기 때문입니다. 또 아래에서 중간층까지의 공기는 잘 섞여 있어서 화학 반응 비율이 거의 일정합니다.

성층권
성층권에서는 오존층의 영향으로 고도가 높아질수록 온도가 올라가요. 아래가 무겁고 위가 가벼운 성층권은 안정적인 편으로, 위아래 공기가 잘 혼합되지 않는 특징이 있습니다.

대류권
대류권에서는 고도가 높아질수록 온도가 낮아져요. 이런 영향으로 대류(對流)가 쉽게 발생해 구름이 만들어지면서 비나 눈을 내리게 합니다. 우리가 타는 비행기는 대부분 대류권 속에서 날아다녀요.

지표

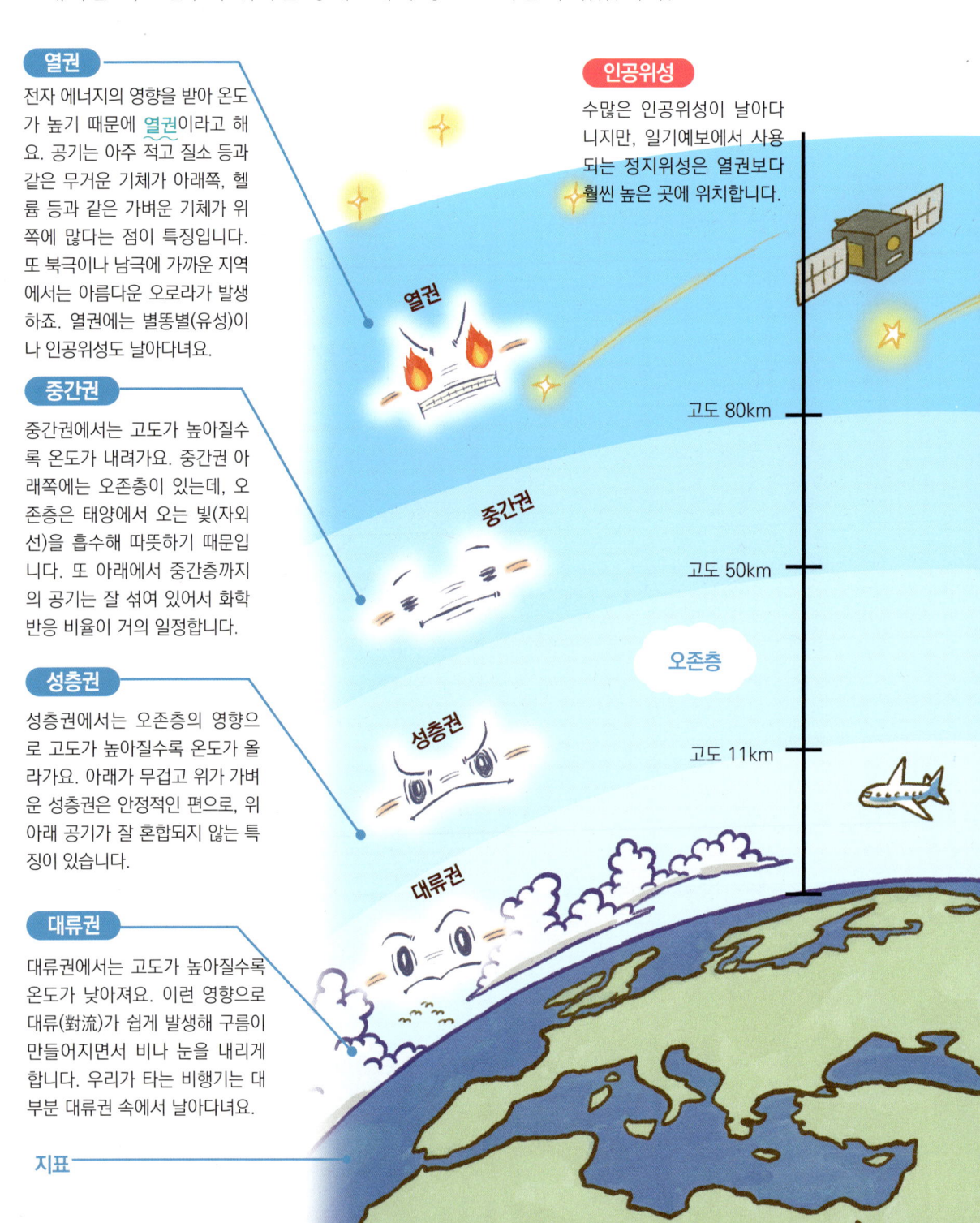

인공위성
수많은 인공위성이 날아다니지만, 일기예보에서 사용되는 정지위성은 열권보다 훨씬 높은 곳에 위치합니다.

고도 80km
고도 50km
오존층
고도 11km

생물을 지켜주는 오존층

오존은 산소원자 3개가 결합된 분자로 이루어진 기체로서, 대기 속에 조금밖에 존재하지 않아요. 오존은 성층권인 고도 25km 부근에 비교적 많아서 그 층을 「오존층」이라고 부릅니다. 유해한 자외선으로부터 생물을 지켜주는 역할을 하는 오존층이 지구에 만들어진 것은 광합성을 하는 생물이 있었기 때문으로 알려져 있습니다.

별똥별(유성)

태양계에 떠도는 소행성 조각이 떨어져 나와 공기와의 마찰로 인해 타면서 빛나는 것을 말해요. 큰 별똥별은 땅으로 떨어져 운석(지구에 떨어진 별똥)이 되기도 합니다.

오로라(Aurora)
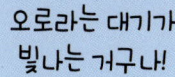
태양에서 날아온 에너지(태양풍)가 열권의 대기를 빛나게 하는 현상.

오존 구멍(Ozone Hole)
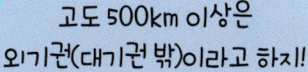
봄에 남극 하늘에 나타나는 현상. 오존층의 오존 양이 극단적으로 적어지면 오존층에 구멍이 뚫린 것 같은 상태가 됩니다. 이런 현상은 프레온 가스라고 하는, 에어컨이나 냉장고 등에 사용되는 냉매(탄화수소, 이산화탄소, 암모니아) 등과 관련되어 있기 때문에 이들 화학물질은 국제적으로 규제를 받게 되었어요. 오존 구멍은 남극에서 오존을 관측하던 과학자에 의해 발견되었습니다.

고도 500km 이상은 외기권(대기권 밖)이라고 하지!

오로라는 대기가 빛나는 거구나!

용어해설

자외선

태양에서 날아온 빛 가운데 눈에 보이는 빛보다 파장이 짧아서 눈으로는 볼 수 없는 빛. 적절한 양의 자외선은 비타민D를 만들어 뼈 등이 만들어지는데 도움을 주지만, 자외선을 너무 많이 받으면 피부가 햇빛에 타는 것은 물론이고 피부암 등의 원인이 되기도 합니다.

1 기상을 알아봐요!

대기는 안정한가, 불안정한가?

차가운 공기가 위에 있다면 「불안정」한 상태!

일기예보 방송에서 「대기 상태가 불안정합니다. 호우나 벼락(낙뢰)에 주의하시기 바랍니다」라는 말을 자주 듣는데요. 「대기 상태가 불안정하다」는 말은 하늘에 차가운 공기가 있다거나, 지상 근처가 햇빛으로 따뜻해져서 지상 근처와 하늘의 온도 차이가 상당히 크다는 의미입니다. 이럴 때는 적란운이 쉽게 만들어져 호우나 천둥번개가 발생할 가능성이 높다는 것이에요.

🌼 차가운 공기는 무거워요!

공기의 무게는 온도에 따라 달라집니다. **따뜻한 공기는 가볍고 차가운 공기는 무거워요**. 대류권에서는 위로 갈수록 차갑기 때문에, 위쪽에 무거운 공기가 있고 아래쪽에 가벼운 공기가 있어서 뒤집힐 것 같지만 보통은 그렇지 않습니다. 따뜻하고 가벼운 공기가 위로 가면 기압이 낮아져 공기가 팽창하면서 공기 온도가 크게 떨어지는데, 그러면 주변 공기보다 무거워져 반대로 밑으로 돌아오게 되는 것입니다.

불안정 — 작고 가벼운 물체 위로 크고 무거운 것이 있는 상태

안정 — 크고 무거운 물체 위로 작고 가벼운 것이 있는 상태

🌼 대기가 불안정해지면?

따뜻해진 공기는 가벼워져서 위로 올라가기 시작합니다. 하늘 높이 올라가면 기압이 낮기 때문에 공기는 팽창하고 온도는 떨어지죠. 이 공기에 수증기가 많이 포함되어 있으면 차가워진 수증기 일부가 물로 바뀝니다. 이때 「응결열」이라는 열이 발생해 상승하는 공기 온도가 많이 떨어지지 않게 합니다. 그러므로 상승한 공기는 주변 공기보다 차가워지지 않고 가벼운 공기 상태로 계속해서 상승하는데요. 그러면서 대부분의 수증기가 물로 바뀌어 높이 10km 이상 상승하는데, 이것이 **적란운**(뇌운이라고도 함)입니다. 하루 종일 햇살이 강하게 비치고, 공기에 많은 수증기가 포함되어 있고, 하늘에 특히 차가운 공기가 있을 때 이런 현상이 잘 발생하는데, 이것을 **대기가 불안정한 상태**라고 말해요. 이렇게 대기가 불안정한 상태에서 적란운이 만들어지는 곳은 대류권의 안입니다.

1 기상을 알아봐요!

비를 내리게 하는 적란운이란?

이 구름의 높이가 10km 이상이나 된다고?

호우를 내리게 하고 천둥번개를 일으키는 적란운

적란운은 높이 10km를 넘는 경우도 많을 만큼 아주 키가 큰 구름이에요. 더 발달해서 <u>대류권</u>과 <u>성층권 경계</u>에 도달하면 정상 부분이 옆으로 퍼져서 생기는 모루구름(나팔꽃 모양의 구름)을 만들어요. 적란운은 호우를 내리게 하거나 천둥번개를 만들기도 하고, 때로는 '<u>토네이도</u>' 같은 돌풍을 일으킬 때도 있습니다.

적란운은 아주 거대한 물탱크죠!

적란운은 수평방향으로도 **10km 넘게 퍼져나가는** 아주 큰 구름이에요. 높이 10km, 동서남북 각각 10km의 거대한 적란운에 1평방미터당 2g의 빗방울이 포함되어 있다고 치면, 그 물의 양이 200만 톤이나 된답니다. 깊이 1.2m, 길이 25m, 라인이 6개 있는 수영장의 수량이 360톤인데 그보다 약 5,500배나 큰 규모이죠. 적란운에는 이 정도로 많은 물이 있기 때문에, 한 번 비가 내리기 시작하면 양동이로 한꺼번에 쏟아붓는 것처럼 엄청난 비가 내리게 됩니다.

욕조 수량 200kg × 3000만개 = **600만 톤**

적란운 속의 물 무게

적란운이 만들어지는 3가지 조건

적란운이 발달하려면 다음과 같은 3가지 조건이 맞아야 합니다.

지금은 하늘이 맑더라도 날씨가 불안정할 때는 적란운이 발달할지도 몰라!

❶ 아래층이 평소보다 따뜻하고, 하늘이 평소보다 차가운 불안정한 상태일 것.
  이런 조건에서는 공기가 쉽게 뒤바뀌거든요.
❷ 수증기가 많은 상태일 것
  수증기가 물이나 얼음으로 바뀔 때 발생하는 에너지가 적란운의 에너지원이에요.
❸ 공기가 상승할 만한 계기가 있을 것
  바람이 산에 부딪쳐서 상승한다거나, 뜨거운 여름날 햇빛으로 따듯해진 공기가 상승할 때, 또는 전선으로 인해 공기가 상승하는 등의 계기가 필요합니다.

☀ 적란운의 일생

적란운 하나하나는 만들어지고, 성장하고, 최대로 커진 다음 사그라질 때까지 30분~1시간 정도에 일생을 마쳐요.

가볍고 따뜻한 공기는 상승하기 시작하면 수증기가 응결하여 열을 내기 때문에, 가벼운 상태를 유지하면서 계속 상승하다가 상당한 양의 빗방울이나 얼음입자를 가진 적란운으로 변해 갑니다.

계속해서 커지다가 천둥번개를 동반하는 경우도 있어요!

공기가 계속 상승하다가 차가운 하늘에 도달하면 얼음입자가 만들어집니다. 비가 내릴 만한 상태가 되면 하강기류가 발생해 이 얼음입자가 상승과 하강을 반복하는데요. 그러다가 점점 커져 서로 충돌하면서 전기가 발생해 천둥번개를 일으킵니다. 이런 상태까지 오면 적란운이라고 부르게 돼요.

구름이 발달해요!

수증기가 물로 바뀔 때 나오는 열로 인해 상승하는 공기는 따뜻하고 가벼운 상태로 더욱 상승하게 됩니다. 이렇게 적운은 더 커지면서 성장해 나가죠.

1 공기가 위로 상승해요!

지표면에 따뜻하고 습해진 공기가 차가운 공기나 산 등과 접촉해 위로 올라가면, 상승하면서 응결해 물을 머금은 구름(적운)이 됩니다.

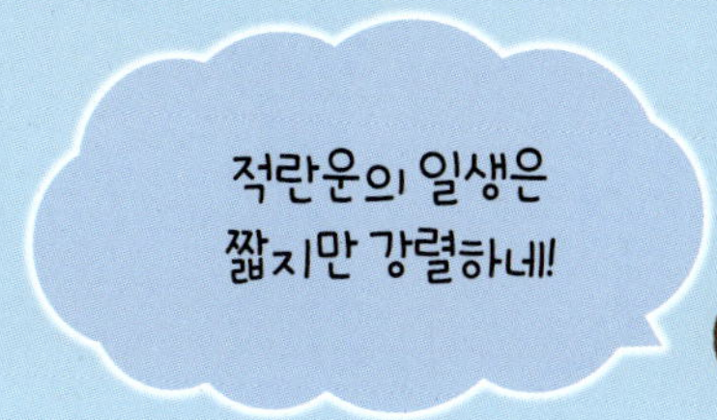

> 적란운의 일생은 짧지만 강렬하네!

4
절정기에 도달하는 적란운

계속해서 상승해 상태가 안정되어 있는 성층권에 가까워지면 적란운도 더 이상 상승하지 못하고 모루구름으로 바뀝니다. 이어서 비가 강해지면서 거기에 끌려가듯이 하강기류가 강해지는데요. 천둥번개나 토네이도, 급격한 하강기류(Downburst) 등과 같은 돌풍이 쉽게 일어나고 폭우같은 비가 함께 내립니다.

5
약해져 가는 적란운

하강기류가 점점 강해져 지상의 공기가 상승하기 어려워지면서 적란운은 약해져 갑니다.

1 기상을 알아봐요!

대기를 움직이게 하는 에너지는 무엇일까?

대기를 움직이게 하는 원동력은 햇빛이 가져다주는 에너지

지구는 햇빛에 의해 따뜻해지고 그 열에너지를 바탕으로 대기 흐름이 생깁니다. 태양에서 오는 에너지 가운데 약 30%는 구름이나 지표면 등에 의해 반사되어 우주로 흩어지지만, 나머지 70%는 지표면이나 대기를 따뜻하게 해주죠. 지구의 위도나 계절에 따라서 따뜻한 정도가 다르기 때문에 커다란 대류가 생기고, 편서풍이 불고 그것이 지그재그로 움직이면서 저기압이나 고기압을 만드는데요. 이런 흐름이 하루하루의 날씨에 영향을 미치는 것입니다. 기상위성은 지표면이나 대기에서 나오는 적외선을 관측합니다. 온도가 높을수록 많은 적외선이 나오기 때문에, 기상위성이 관측하는 적외선은 지구에서 우주로 빠져나가는 열에너지의 흐름이기도 합니다. 지구는 이렇게 태양으로부터 받는 햇빛에너지와 우주로 빠져나가는 열에너지가 적절하게 균형을 이루어야 기온이 일정하게 유지되는 거랍니다.

태양 에너지로 물을 끓인다면?

태양에서 지구로 오는 에너지를 지구 표면 전체적으로 평균 계산해 보면 1평방미터 당 약 340와트(W)입니다. 이것은 깊이 1cm의 물을 1시간에 29.3℃까지 데울 수 있는 에너지인데요. 3월 무렵의 춘분과 9월 무렵의 추분 때, 낮 12쯤 적도에서는 바로 위에서 태양이 내리쬐기 때문에 이것보다 4배나 되는 1,360와트의 에너지가 생깁니다. 이 정도면 깊이 1cm의 0℃의 물을 1시간 만에 펄펄 끓게 할 수 있을 만큼의 에너지와 맞먹습니다.

와트(W)는 에너지를 나타내는 단위로, 전력 등을 말할 때 사용하지!

들어오고 나가는 균형이 중요해요!

태양으로부터 오는 햇빛 에너지와 우주로 나가는 열에너지의 균형이 무너지면, 마치 지갑에 들어오는 돈과 나가는 돈의 균형이 무너지는 것처럼 지갑 안의 돈, 즉 지구 온도가 바뀌게 되는데요. 그것이 바로 지구온난화와 같은 기후변화입니다. 이산화탄소처럼 온실효과를 내는 기체가 늘어나면 태양에서 오는 햇빛 양은 똑같아도 우주로 나가는 열에너지(적외선)가 줄어들기 때문입니다. 온도가 올라가면 햇빛을 반사하는 눈이나 얼음도 줄어들게 되고, 그러면 또 다시 온도가 올라갈 가능성도 있습니다.

지갑 속에 돈의 관리가 중요하듯이 지구는 우리 모두가 관리해야 한다는 말이지!

◎ 태양으로부터 받는 에너지양은 많다, 적다?

지구는 약 365일 동안 태양 주위를 1바퀴 도는데, 이것을 <u>공전</u>이라고 합니다. 지구는 북극과 남극을 잇는 축(지축)을 중심으로 거의 24시간에 1회전하는데, 이것이 <u>자전</u>이지요. 이 지축은 공전하는 면에서 <u>23.5도</u>가 기울어져 있습니다. 그 때문에 태양에서 지구 전체로 들어오는 에너지는 거의 변함은 없지만 적도 부근과 북극, 남극 부근은 1년 동안 받는 햇빛 양에 차이가 난답니다. 또 계절에 따라서도 이 햇빛의 양이 달라요.

봄·여름·가을·겨울 4계절이 있는 것도 이 때문이에요. 북극이 태양 쪽을 향하고 있는 시기에 서울처럼 북쪽(북반구)에 있는 나라들은 여름이 되고, 북극이 태양과 반대방향을 향하고 있을 때는 겨울이 됩니다. 반대로 남쪽(남반구)의 호주는 여름이 되는 것이고요.

서울에 태양으로부터 오는 햇빛이 가장 많을 때는 6월 하순인 하지 무렵이지만, 실제로 가장 더울 때는 7월 하순부터 8월에 걸쳐서인데요. 이것은 햇빛으로 인해 육지나 바다가 따뜻해지는데 조금 시간이 걸리기 때문입니다.

계절의 변화는 태양 에너지를 받는 양과 관련되어 있는 거야!

위도에 따라 달라지는 날씨

지구는 둥글기 때문에 위도가 낮은 <u>적도부근</u>에서는 햇빛이 똑바로 비쳐요. 그래서 받아들이는 에너지양도 많지요. 그러므로 식물이 잘 자라면서 우거진 숲들이 많습니다. 하지만 태양 에너지가 많아도 비가 잘 내리지 않는 지역이라면 숲이 아니라 <u>사막</u>이나 <u>초원</u>이 펼쳐집니다.

위도가 높은 북극이나 남극은 햇빛이 비스듬하게 비치기 때문에 햇빛의 양이 적고, 따라서 받아들이는 에너지양도 적어요. 지갑에 들어오는 돈이 적으면 사용하는 돈도 적어질 수밖에 없는 거죠. 이런 <u>불균형</u>을 바로 잡으려고 기온이 내려갑니다. 그래서 비가 아니라 눈이 내리고, 또 바닷물이 얼었다가 녹았다가 한다거나, 육지나 바다가 눈이나 얼음으로 덮이면서 식물이 자라지 못하는 곳이 됩니다. 이렇게 태양과의 위치, 햇빛이 비치는 각도 등에 따라서도 받아들일 수 있는 에너지양이 바뀌게 되는 것입니다.

적도부근 열대우림이 펼쳐진 브라질의 아마존강 유역

남극 위도가 높은 남극은 1년 내내 얼음으로 덮여 있어요.

남반구 쪽으로는 햇빛이 잘 비치고 북극에는 빛이 잘 비치지 않는 것을 보니 이 그림에서 북반구는 지금 겨울이네!

1 기상을 알아봐요!

대기 흐름은 어떻게 일어나나?

지구 각 지역의 온도 차이를 줄여주는 대기의 흐름

지구는 태양에서 오는 에너지로 인해 따뜻해지지만 위치에 따라서 그 에너지를 받는 양이 달라요. 많은 에너지를 받을 수 있는 적도부근은 기온이 높고, 고위도(북극이나 남극에 가까운 곳)로 갈수록 기온은 내려갑니다. 지구의 대기는 이런 온도 차이를 줄이기 위해 큰 대류가 일어나거나 남쪽에서 북쪽으로 열을 운반하는 흐름이 만들어지는데요. 이렇게 지구를 둘러싼 대기의 흐름을 「대기의 대순환」이라고 합니다.

◎「해들리 순환」이란 저위도 부근 대기의 남북순환이지요!

따뜻하고 습한 적도부근에서는 적란운 활동이 활발히 일어납니다. 거기서 상승기류가 만들어지고 상승한 공기가 고위도를 향해 흐르면, 둥근 지구가 자전하는 영향으로 인해 위도 20~30도 부근의 아열대에서 하강합니다. 하강한 공기는 다시 적도를 향해 흘러가는데요. 이것이 무역풍입니다. 무역풍에 의해 적도부근에 모인 공기는 다시 상승하는데, 이런 저위도 부근의 대기 순환을 해들리 순환이라고 부릅니다. 아열대에서는 이 하강기류의 영향으로 구름이 잘 만들어지지 않아 비가 내리지 않기 때문에 사막을 이루는 경우도 있어요.

적도부근이 너무 더워지거나 극지방이 너무 추워지지 않는 이유는 끊임없이 대기가 순환하고 있기 때문이지!

무역풍이 부는 모습은 42페이지를 보면 돼!

◎ 남쪽에서 북쪽으로 열을 운반하는 편서풍의 영향은?

한반도 같은 중위도에서는 특히 남북의 온도 차이가 큽니다. 이 남북의 온도 차이 때문에 이들 지역은 상공으로 갈수록 서풍이 강해져 대류권 위쪽에서는 강한 서풍이 불게 되는데, 이것이 편서풍입니다. 겨울철에는 이 부근에 초속 100m를 넘는 강한 바람이 부는데, 이것을 제트기류라고 불러요. 편서풍에는 바다의 파도처럼 높낮이가 있습니다. 이것이 고기압이나 저기압에 대응하는데, 편서풍과 함께 서쪽에서 동쪽으로 움직입니다. 중위도 지역의 날씨가 서쪽에서 동쪽으로 움직이는 것은 이 때문입니다. 이 편서풍의 높낮이는 남쪽에서 북쪽으로 열을 옮기는 역할을 하는데요. 이 편서풍의 높낮이가 순조롭게 서쪽에서 동쪽으로 움직이지 않을 때도 있습니다. 이상 기상은 이럴 때 발생하는 경우가 많죠.

알고가요! 해들리 순환을 발견한 조지 해들리(George Hadley)

영국의 법률가이면서 기상학자이자 물리학자이기도 했던 해들리. 대항해시대 때 아열대에서 1년 내내 같은 방향으로 바람이 분다는 사실은 범선을 운항하는데 있어 대단히 중요한 일이었습니다. 해들리는 1735년에 이 무역풍이 부는 이유로 남북의 온도 차이와 둥근 지구의 회전이 중요하다는 연구를 발표했는데요, 이것이 나중에 해들리 순환으로 불리게 되었습니다.

1 기상을 알아봐요!

코리올리의 힘(전향력)이란?

지구의 자전으로 인해 가로방향으로 작용하는 힘

예를 들어 움직임이 없는 원반 위에서 공을 직선으로 던진다면 공은 똑바로 날아갈 것입니다. 하지만 이 원반이 회전하고 있을 때 던진다면 공은 직선방향으로 똑바로 날아가지 않아요. 이처럼 회전하는 물체에 작용하는 힘을 코리올리의 힘(전향력)이라고 합니다. 지구도 자전하고 있기 때문에 대기 속에서 부는 바람도 방향을 바꾸어 북반구에서는 오른쪽 방향으로 휘어서 돌게 됩니다.

◉ 태풍은 「코리올리의 힘(전향력)」에 의해 회전방향이 정해져요!

태풍의 중심은 기압이 낮기 때문에 힘이 밖에서 안쪽을 향해 작용합니다. 하지만 바람은 중심을 향하는 것이 아니라 중심 주변을 빙빙 돌면서 불지요. 북반구와 남반구는 코리올리의 힘이 서로 반대 방향으로 작용하는데요. 그래서 태풍의 바람이 북반부에서는 시계 반대방향으로 불고, 남반구에서는 시계방향으로 부는 것입니다.

북반구에서 태풍이 도는 방향은 시계 반대방향으로 돌아요.

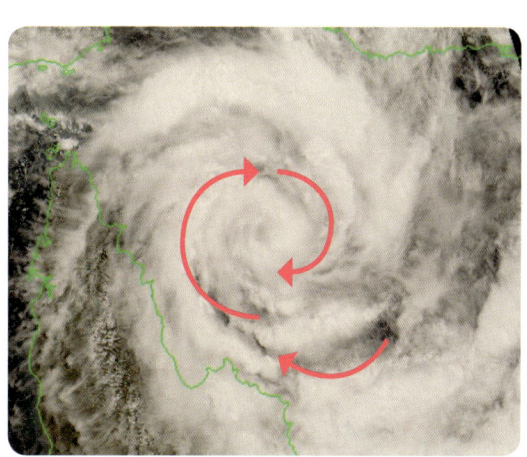
남반구에서 사이클론이 도는 방향은 시계방향으로 돌아요.

이미지: 日기상청

> 북반구와 남반구는 도는 방향이 서로 반대구나!

알고가요!

코리올리의 힘을 알아낸 가스파르-귀스타브 코리올리(Gaspard-Gustave Coriolis)

프랑스의 물리학자 · 수학자 · 천문학자이며, 역학 작용 · 운동에너지에 관해 연구한 인물입니다. 회전하는 환경에서 움직이는 물체로는 이동방향에 대해 관성의 힘이 직각으로 작용한다는 사실을 알아냈습니다.

1 기상을 알아봐요!

기압이 뭐지?

공기를 누르는 힘

물에 무게가 있듯이 공기에도 무게가 있어요. 우리의 머리 위부터 인공위성이 날아다니는 높이까지 우리는 대기 전체의 무게를 이고 생활합니다. 이 무게를 우리는 기압(대기의 압력)이라는 힘으로 받아들이고 있는 것이지요. 높은 산에 올라가면 머리 위에 있는 공기의 양이 줄어들기 때문에 그만큼 기압도 작아집니다. 이 낮은 기압이 원인으로 작용해 높은 산에 올라갈수록 두통이나 숨이 차는 등의 고산병이 오기도 합니다. 또 물을 끓이면 100℃가 아니라 88℃에서 끓지요. 기압은 압력의 기본원리를 밝혀낸 프랑스인 블레즈 파스칼(Blaise Pascal)의 이름을 따서 「헥토파스칼(hectopascal, 기호 hPa)」이라는 단위를 사용합니다. 다음 페이지의 실험을 통해 공기에 이 기압이라는 힘이 작용한다는 사실을 체험해 보도록 할까요?

체험해 봐요!

물이 들어 있는 컵을 거꾸로 뒤집어 공기의 힘을 알아보는 체험!

컵 안에 있는 물 무게와 엽서를 밑에서 위로 밀어올리는 **공기의 힘**(기압)을 비교하는 실험입니다. 컵 안의 물 무게보다 공기가 밀어올리는 힘이 강하기 때문에 물이 떨어지지 않는 것인데요. 지상의 기압의 힘(대기압)은 계산상 무려 약 10m 높이의 물 무게를 떠받칠 수 있습니다.

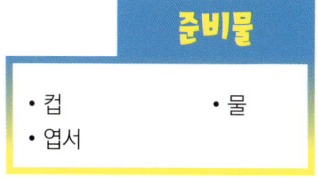

준비물
- 컵
- 물
- 엽서

❶ 컵에 적당한 양의 물을 넣어요.

❷ 컵을 엽서로 덮어요.

❸ 엽서를 누른 상태로 컵을 뒤집어요.

❹ 엽서를 누르던 손을 떼요.

기압이라고 부르는 공기의 힘이 어떠한 건지 이제 알겠네!

1 기상을 알아봐요!

고기압·저기압이란?

고기압이 만들어지기까지

❹ 날씨가 좋아져요!

❸ 구름이 생기지 않아요.

❷ 하늘에서 공기가 내려와 「하강기류」가 발생합니다.

휙휙~ 휙휙~ 휙휙 휙휙

❶ 시계방향으로 바람이 불기 시작합니다.

날씨가 좋아지는 「고기압」

기압이란 공기가 누르는 힘이에요. 기압이 주변보다 높은 곳을 고기압, 주변보다 낮은 곳을 저기압이라고 부르는데요. 고기압 부근에서는 공기가 누르는 힘이 강하기 때문에 거기서 바람이 불기 시작해, 미는 힘이 약한 저기압 부근으로 빨려갑니다. 이때 지구가 자전하는 영향을 받아서 바람은 비슷한 기압선으로 이어진 등압선을 따라서 흐르게 됩니다. 저기압으로는 주위에서 바람이 들어오기 때문에 공기가 상승하여 구름이 쉽게 만들어지죠.

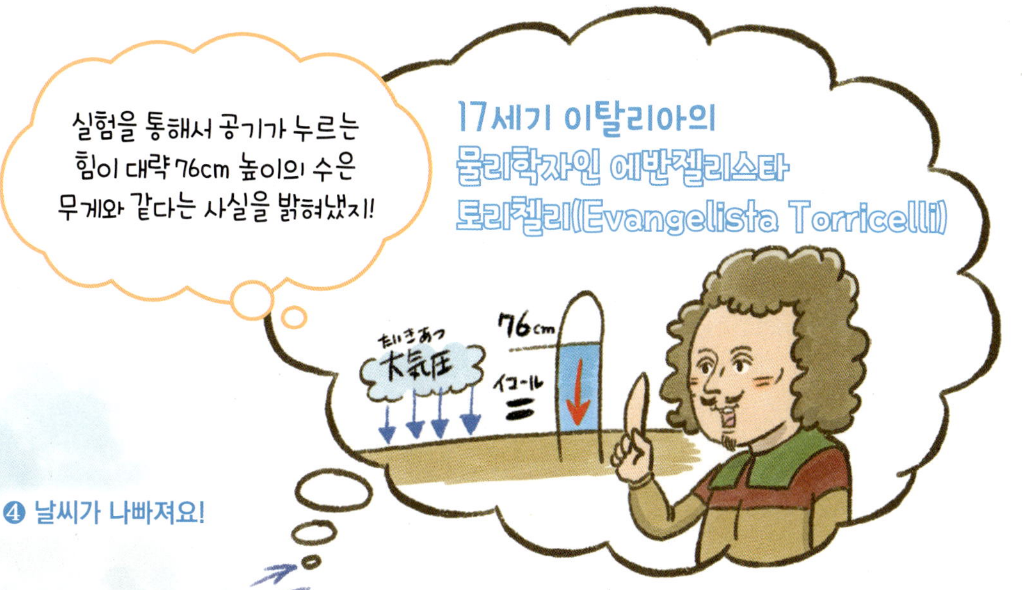
실험을 통해서 공기가 누르는 힘이 대략 76cm 높이의 수은 무게와 같다는 사실을 밝혀냈지!
17세기 이탈리아의 물리학자인 에반젤리스타 토리첼리(Evangelista Torricelli)
76cm
たいきあつ
大氣圧
イコール

저기압이 만들어지기까지

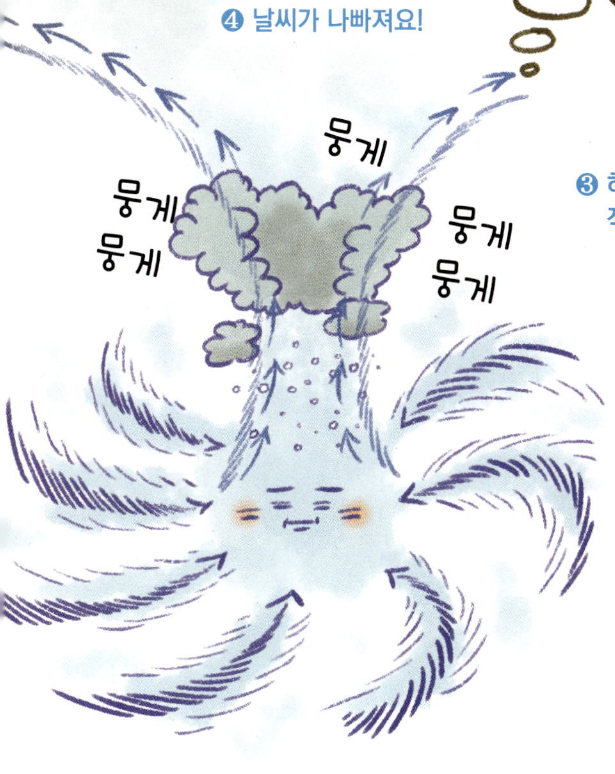
뭉게
뭉게
뭉게
뭉게
뭉게

❶ 지상부근에서는 주변에서 바람이 불어옵니다. 북반구에서는 시계 반대방향으로 불어오죠.

❷ 몰려온 공기로 인해 위로 올라가는 「상승기류」가 발생합니다.

❸ 하늘로 올라갈수록 공기 속에 있던 수증기가 작은 물 입자로 바뀌어 구름이 됩니다.

❹ 날씨가 나빠져요!

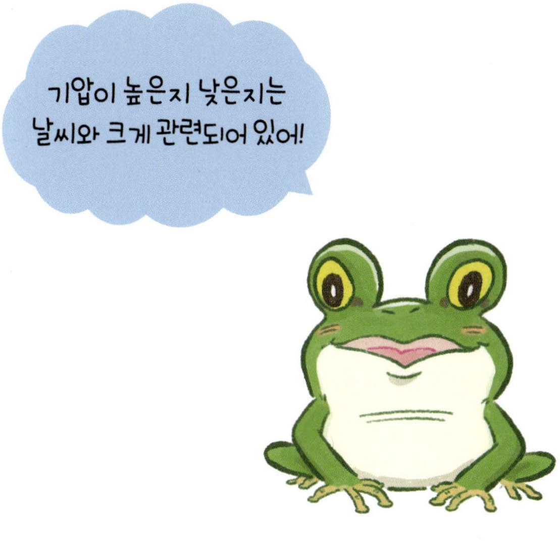
기압이 높은지 낮은지는 날씨와 크게 관련되어 있어!

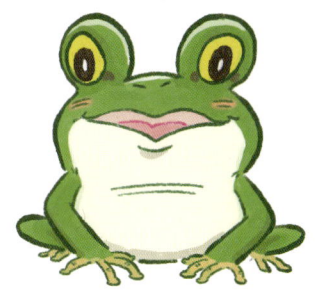

1 기상을 알아봐요!

바람은 왜 불지?

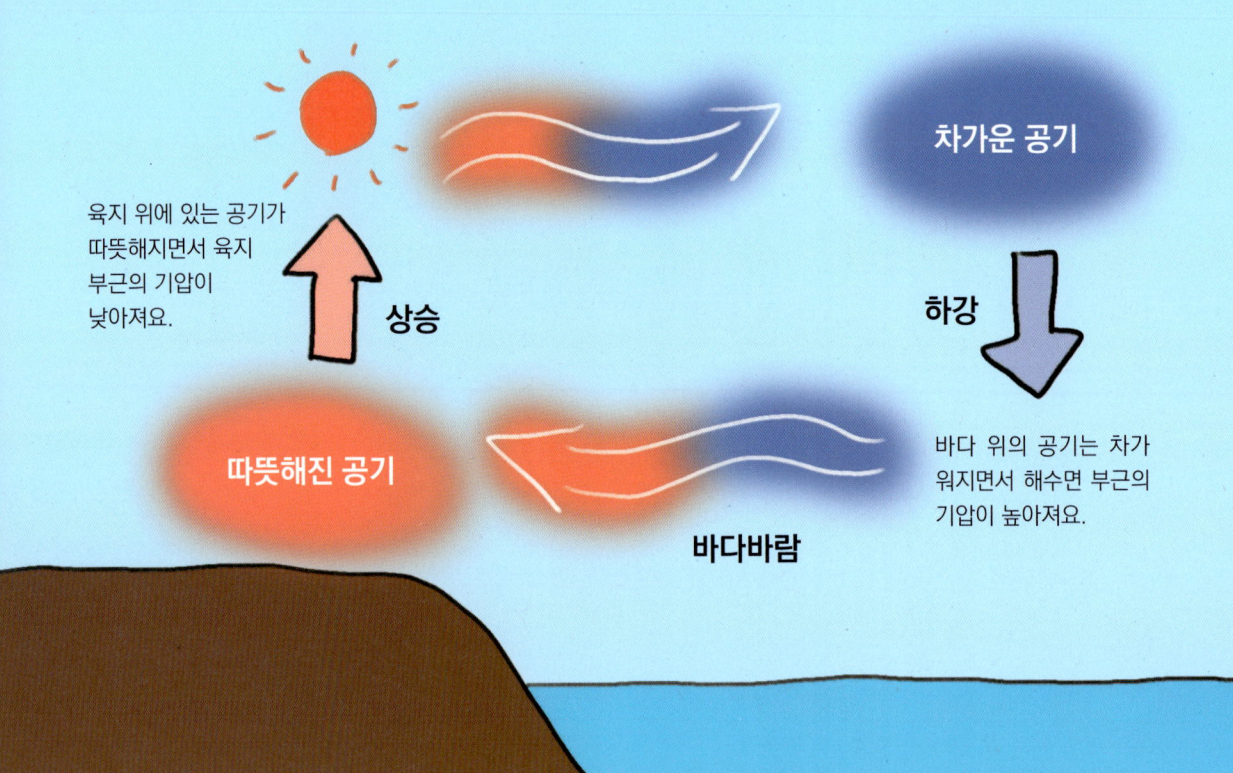

공기는 기압이 높은 곳에서 낮은 곳으로 향하는 힘에 의해 밀려나기 때문이죠!

바람은 기압이 높은 곳에서 낮은 곳으로 힘이 작용해 공기가 흐르면서 부는 것입니다. 위 그림은 바다 쪽보다 육지 쪽이 따뜻해져서 발생하는 「해륙풍」을 나타낸 것인데요. 육지 위의 공기는 하루 종일 따뜻해지면서 가벼워집니다. 육지 위에서는 머리 위쪽의 공기가 가벼워지기 때문에 기압이 내려가죠. 그러면 바다 쪽보다 육지 위의 기압이 내려가, 바다에서 육지를 향해 공기를 밀어붙이는 힘이 작용하게 되는데, 이렇게 해서 부는 것이 바닷바람(해풍)입니다.
육지 위의 따뜻한 공기는 상승하고, 바다 위의 차가운 공기는 하강해 그림 같이 공기가 흐르게 됩니다. 그런데 고기압이나 저기압 주변의 바람은 지구가 자전하는 영향을 받아요.

🌼 등압선과 평행으로 부는 바람 「지균풍」

기압이 높은 쪽(고기압)에서 낮은 쪽(저기압)을 향해 작용하는 힘을 **기압 경도력**이라고 합니다. 바람의 강도나 방향은 이 경도력과 **코리올리의 힘** 같은 것에 의해 바뀌어요. 지표면에서 떨어진 높은 곳에서는 마찰할 만한 힘이 없기 때문에 코리올리 힘과 기압경도력이 균형을 이루면서 바람이 등압선과 평행하게 붑니다. 이것을 「**지균풍**」이라고 해요. 지표면 근처에서는 지표면과 마찰력이 작용하기 때문에 바람이 평행하게 불지 않고, 고기압에서 저기압 쪽으로 약간 치우쳐서 불게 됩니다.

기압 경도력과 코리올리의 힘이 균형을 이룬 상태를 지균풍 평형이라고 해!

지균풍의 발생

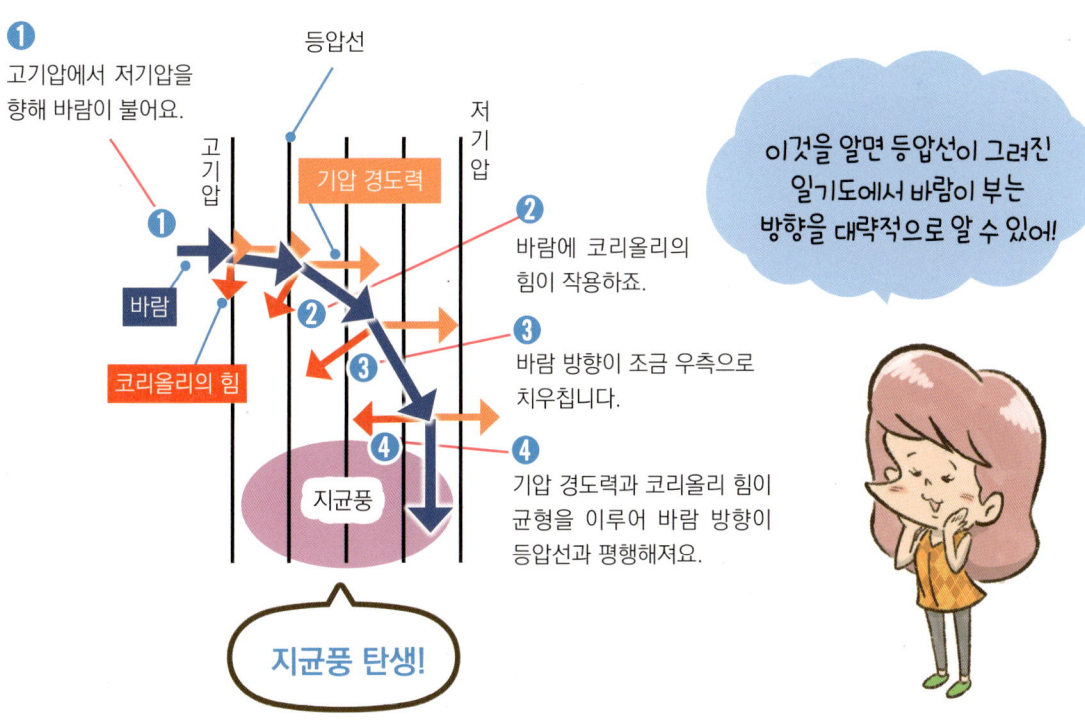

❶ 고기압에서 저기압을 향해 바람이 불어요.

❷ 바람에 코리올리의 힘이 작용하죠.

❸ 바람 방향이 조금 우측으로 치우칩니다.

❹ 기압 경도력과 코리올리 힘이 균형을 이루어 바람 방향이 등압선과 평행해져요.

이것을 알면 등압선이 그려진 일기도에서 바람이 부는 방향을 대략적으로 알 수 있어!

 **세계의 바람** 어떤 위도에 위치하는가에 따라 다양한 바람이 분답니다.

❶ 바다와 육지의 온도차이로 인해 만들어지는 계절풍(몬순)북반구에서는 시계 반대방향으로 불어오죠.

바다와 육지는 계절에 따라서 온도차이가 생겨요. 계절에 따라 바람의 방향이 바뀌는데, 이것을 <u>계절풍(몬순)</u>이라고 불러요.

❷ 열대 지방에서 아열대 지방을 향해 부는, 동쪽에서 부는 무역풍

위도 30도 부근에서 적도를 향해 동쪽에서 부는 바람

1년 내내 같은 방향으로 부는 바람입니다. 북반구에서는 북동 방향에서 남서 방향으로, 남반구에서는 남동 방향에서 북서 방향으로 불어요. 남반구에서 부는 무역풍과 북반구에서 부는 무역풍이 부딪치는 지역에서는 적란운이 쉽게 발생해 비가 많이 내리죠. 이런 지역을 <u>열대 수렴대</u>라고 부르기도 합니다.

❸ 편서풍

북위·남위 30도 이상 지역에서 부는, 서쪽에서 부는 바람

편서풍은 중위도 하늘을 남북으로 지그재그 다니면서 서쪽에서 동쪽으로 지구를 돌듯이 불어요. 편서풍은 위도 차이로 인한 온도 차이와 코리올리 힘의 영향으로 발생하는데요. 우리나라의 날씨가 서쪽에서 동쪽으로 바뀌는 것은 편서풍 방향과 관련되어 있습니다.

편서풍 덕분에 중국에서 한국으로 오는 비행기가 반대로 가는 비행기보다 빨리 도착하지!

❹ 제트기류

고도 1만km 부근에서 부는, 매우 강한 편서풍

우리나라 같은 중위도 지역은 남북의 온도 차이가 특히 커서, 하늘로 갈수록 서풍이 강해집니다. 특히 겨울철에는 초속 100m에 가까운 바람이 불 때도 많아요. 지금으로부터 약 100년 전에 기구를 사용한 관측을 통해 이 제트기류를 발견했습니다.

비가 되어 내린 물은 어디로 갈까?

강물이나 바닷물은 하늘로 증발하지!

형태를 바꿔가며 지구 안에서 순환해요!

지구상에 있는 물은 얼음, 물, 수증기 같이 형태를 바꿔가면서 움직여요. 햇빛에 의해 따뜻해진 육지의 강이나 호수, 바다에서는 수증기가 되어 하늘로 올라가고, 하늘에서 식으면서 물이나 얼음 입자로 바뀐 다음 비나 눈이 되어 지상으로 떨어지죠. 지상에 떨어진 비는 지표면에서 다시 증발하기도 하고, 강에서 바다로 흘러들어간 다음에 증발하기도 합니다. 이렇게 물이 돌아가는 것을 물의 순환이라고 해요.

지구의 물은 이런 식으로 계속 순환하기 때문에 줄어들지 않는 거야!

🌀 우리나라의 해류

대기의 바람처럼 바닷물에도 흐름이 있는데, 이것을 해류라고 해요. 해수면 부근의 바람이나 지구의 자전 등의 영향을 받아 바닷물의 흐름이 만들어집니다. 해류는 대기의 흐름과 마찬가지로 저위도에서 고위도로 열을 옮겨다 주는 역할도 하는데요. 우리나라는 아시아 대륙의 동쪽 해안을 따라 북동쪽으로 흐르는 쿠로시오 해류의 영향을 크게 받습니다. 우리나라 부근의 해류로는 따뜻한 해류(동한난류, 황해난류)와 차가운 해류(북한한류) 등이 있어요.

동한난류
쿠로시오 해류 일부가 남해안을 지나 동해안 쪽으로 올라오는데 이 해류가 동한난류입니다. 동한난류는 북쪽에서 내려오는 북한한류로 인해 더 올라가지는 못해요. 이 동한난류 밑에 있는 차가운 동해 심층수에는 플랑크톤이 많기 때문에 수산자원이 풍부해요.

북한한류
러시아 연해주 쪽에서 내려오는 한류. 물은 차갑지만 플랑크톤 등과 같은 영양분이 풍부하기 때문에 어업에 적합해요.

황해난류
쿠로시오 해류 일부가 제주도 서쪽을 통해 황해 남부로 올라오는데 이 해류가 황해난류입니다. 여름보다 겨울철에 유입이 강해요.

쿠로시오 해류
필리핀 동쪽 해역을 지나 일본 동부 연안을 따라 북상하는 난류. 수온과 염분이 높고 영양염류와 미생물이 적어 햇빛을 반사하지 않고 흡수해 투명한 청색을 나타냄. 태풍, 저기압 발달 등 기상에도 영향을 끼쳐요.

세계의 해류

　전 세계 바다에는 여러 종류의 해류가 있어요. 해류에는 난류와 한류가 있는데, 주변 바닷물보다 흘러오는 해류가 따뜻하면 난류, 차가우면 한류입니다. 난류가 흐르는 지역에서는 증발하는 물이 많기 때문에 구름이 잘 만들어지면서 비가 자주 내려요. 북반구의 큰 바다에는 시계방향으로 도는 북태평양 해류나 북대서양 해류가 있습니다. 이들 해류의 서쪽으로는 태평양에서는 쿠로시오, 대서양에서는 멕시코 만류라고 하는 강한 난류가 있는데요. 우리나라나 아메리카 대륙 동부의 여름이 덥고, 태풍이나 허리케인이 많은 것도 이 난류의 영향 때문입니다. 한편 북대서양 해류의 동쪽은 한류가 흐르기 때문에 아메리카 대륙 서해안이나 서유럽은 여름철에도 비교적 서늘하고 태풍이나 허리케인도 오지 않습니다.

멕시코 만류
멕시코만에서 플로리다 반도 해안을 따라서 북상하는 난류입니다. 이들 지역은 여름이 무덥고 허리케인도 많이 발생해요.

따뜻한 공기도 옮겨오는 「쿠로시오 해류」
쿠로시오 해류는 남쪽에서 따뜻한 바닷물을 옮겨옵니다. 우리나라의 여름이 무더운 것은 쿠로시오 해류로 따뜻해진 습한 바람이 흘러들어 오는 것도 한 가지 원인이에요.

날씨는 해류의 영향도 크게 받는다고!

1 기상을 알아봐요!

우리 주변의 대기

도시 열섬 현상

도시 외곽의 농촌지역보다 도시의 온도가 높은 현상을 말해요. 도시는 개발로 인해 녹지나 물이 적고 아스팔트나 콘크리트가 많기 때문에, 지상의 물 증발이 적고 열도 흩어지지 않아 지표면 부근이 좀처럼 잘 식지 않습니다.

또 고층빌딩이 많아서 통풍이 힘들고, 자동차나 에어컨 실외기에서 배출되는 열로 인해 공기가 따뜻해져요. 이런 요인들 때문에 도시의 평균기온이 상승하면서 한여름 같은 더위나 열대야가 늘어나는 현상을 도시 열섬(Heat Island) 현상이라고 합니다.

공기가 서로 섞이는 층 = 대기경계층

지상에서 약 1km까지의 공기층을 대기경계층이라고 하는데요. 공기가 지표면이나 해수면과의 접촉을 통해 지표면이나 해수면의 열이나 수증기를 받아들이죠. 또 마찰 등에 의해 자잘한 소용돌이가 많이 있기 때문에 공기가 한데 뒤섞이는 곳도 있어요. 사람을 비롯해 육상생물 대부분은 이 대기경계층 속에서 살아가고 있습니다.

1 기상을 알아봐요!

구름은 어떻게 만들어질까?

③ 수증기를 머금은 공기가 팽창하고 차가워지면서 물방울이 생겨요.

물방울

티끌

② 수증기를 머금은 공기가 상승해요.

수증기

● 수증기를 머금은 공기가 상승하면 차가워져 구름이 되죠!

바다나 강에서 증발한 수증기를 머금은 공기가 상승기류를 타고 하늘로 올라가면, 거기서는 기압이 낮기 때문에 공기가 팽창하다가 차가워집니다. 그러면 포화 수증기양이 작아지면서 수증기가 물방울이 됩니다. 공기 속의 티끌도 수증기가 물로 바뀌는 것을 거들지요. 티끌 주위로 물방울이 달라붙어 구름입자가 되는 것입니다. 플라스틱 병 실험을 통해 공기가 팽창하면 차가워지면서 구름이 생긴다는 사실을 알 수 있답니다.(54페이지 참조)

구름은 왜 떠 있을까?

지구에는 중력이 작용하는데 구름은 어떻게 떠 있는 것일까요. 구름을 만드는 물의 입자는 머리카락 굵기의 5분의 1 정도밖에 안될 만큼 아주 작습니다. 중력이 잡아당기려고 하지만 공기저항 효과 때문에 이런 조그만 알갱이는 1초 동안 1cm 정도의 느린 속도로 떨어집니다. 그리고 어느 정도 떨어지면 다시 증발하기 때문에 멀리서 보고 있으면 구름이 떨어지는 것처럼 보이지 않아요. 또 구름이 있는 곳에는 상승기류도 있어서 그 점도 구름이 떠 있는 이유 가운데 하나가 됩니다.

상승기류가 있어야 구름이 만들어지지!

알고가요!

포화 수증기양

$1m^3$의 공기 안에 포함될 수 있는 최대 수증기양. 기온이 높으면 커지고, 기온이 내려가면 양이 줄어들어요. 공기가 상승하면 기압이 낮아져 팽창하면서 차가워지기 때문에 포화 수증기양이 줄어듭니다.

1 기상을 알아봐요!

비는 왜 내릴까?

구름이 더 이상 떠있을 수 없다면?

구름은 수증기를 머금은 공기가 상승하여 물이나 얼음 입자가 되어 만들어집니다. 비가 내릴 것 같은 구름에서는 이 입자가 주변의 수증기나 물방울을 끌어당기면서 점점 커집니다. 머리카락 굵기만큼 커지면 낙하속도가 1초 동안에 30cm에 이르는데요. 그러면 사람 눈으로 볼 수 있을 정도로 떨어집니다. 떨어지다가 다른 구름입자를 흡수하고 더 커져서 반지름이 1mm 정도가 되면 1초 동안에 7m의 속도로 떨어집니다. 그러면 더 이상 상승기류로 받쳐줄 수도 없기 때문에 비가 되어 내리는 것입니다.

빗물 형상은 만두 모양?

빗물 형상은 물방울 형태가 아니에요. 실제는 만두처럼 약간 납작하면서 둥근 형태이죠. 빗방울이 하늘에서 떨어질 때는 빗방울끼리 서로 부딪치면서 합쳐지며 커집니다. 빗방울은 떨어지면서 공기 저항을 받기 때문에 아래 부분이 눌리는데요. 너무 커진 빗방울은 공기저항을 이기지 못하고 2개로 갈라지기도 합니다.

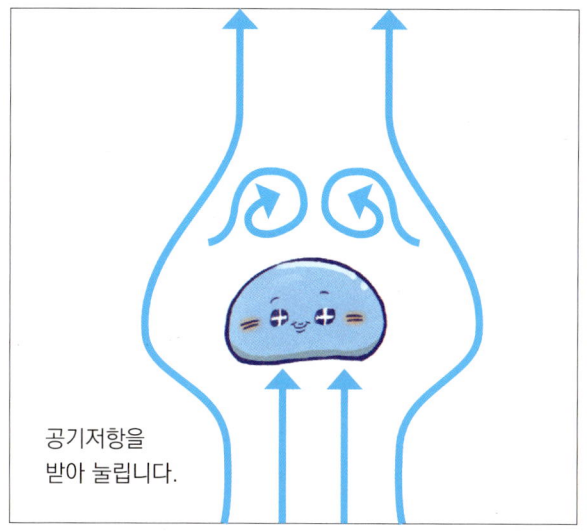

공기저항을 받아 눌립니다.

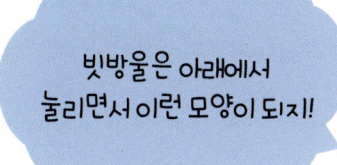

빗방울은 아래에서 눌리면서 이런 모양이 되지!

비는 눈이 녹은 것

비를 내리게 하는 적란운이나 난층운은 하늘 높이 뻗을 만큼 매우 길어요. 높은 하늘의 온도는 여름에도 영하로 떨어지는데요. 그래서 구름입자는 얼음 결정으로 존재합니다. 입자끼리 서로 부딪치면서 하나가 되고, 그러다가 무거워지면 눈이 되어 떨어지기 시작하는데, 추운 시기에는 그대로 눈이 되어 지상으로 떨어지지만, 따뜻한 시기에는 중간에 눈이 녹으면서 비가 되어 떨어집니다.

비로 떨어지느냐 눈으로 떨어지느냐를 결정하는 것은 기온과 습도입니다. 지상 기온이 0℃ 이하이면 눈으로 떨어져요. 가끔 0℃ 이상일 때도 눈으로 떨어지기도 하는데, 기온이 높더라도 공기가 건조하면 할수록 눈 상태로 떨어지는 경우가 많습니다.

칼럼

플라스틱 병으로 구름을 만들어 봐요.

준비물
- 향
- 성냥
- 미지근한 물(목욕물 정도의 온도)
- 플라스틱 병

❶ 플라스틱 병 안에 1cm 정도 높이로 물을 담습니다.

❷ 플라스틱 병 안에 향 연기를 5초 정도 넣고 뚜껑을 닫아요.

❸ 플라스틱 병을 양손으로 꽉 누르면 속이 투명해져요.

압력이나 온도도 올라가요. 물방울이 수증기가 되어 투명하게 보입니다.

❹ 양손의 힘을 갑자기 빼서 플라스틱 병을 원래 상태로 되돌리면 속이 하얗게 되고 구름이 생겨요.

압력이나 온도도 내려가요. 수증기가 물방울이 되어 하얗게 보입니다.

2장

여러 가지 날씨의 모습들!

맑음 · 흐림 · 비 · 눈 등
우리 주위에서 일어나는 날씨 현상은
대기 속에서 일어나는 것인데요.
이 장에서는 어떤 기상 현상들이 있는지
배워보겠습니다.

2 여러 가지 날씨의 모습들!

10가지 구름의 종류

적란운
구름 아래쪽이 낮아서 하층운으로 분류되기도 하지만, 하늘 높이까지 뻗는 구름이기 때문에 위쪽은 상층운 높이까지 올라갈 때도 적지 않아요. 구름 형태가 뭉글뭉글해서 장대비를 많이 뿌린다는 점도 특징입니다. 이 구름 안에서는 서리나 우박처럼 얼음 알갱이가 위아래로 날아다니고, 그것들이 서로 부딪쳐 천둥번개의 원인이 되기도 하죠. 쌘비구름이라고도 불러요.

권운
상층운이에요. 새털구름이라고도 합니다. 새털 모양이나 점(콤마) 모양이 많아요.

난층운
중층운이에요. 비나 눈을 내리게 하는 구름이라고 해서 먹구름이라고도 합니다. 넓고 큰 구름이기 때문에 검은 회색으로 보여요.

상층은 5,000m 이상, 중층은 2,000m에서 5,000m 사이, 하층은 2,000m 이하가 기준이야!

상층 / 5 / 중층 / 2 / 하층 / 고도(km)

조건에 따라 모양이나 크기가 바뀌어요!

구름의 모양이나 크기는 그 당시의 바람이 얼마나 강한지, 어디서 부는지, 온도 차이는 얼마나 나는지 등에 따라 다릅니다. 구름은 모양이나 만들어지는 위치의 높이 등에 따라 크게 10종류로 나눌 수 있는데요. 이것을 **10가지 구름모양**이라고 부릅니다. 10종류 모두 이름이 있기는 하지만 구름의 모양이나 어떻게 보이느냐에 따라 「뭉게구름」, 「조각구름」 같은 애칭이 붙어 있기도 해요. 하늘 높은 곳에서 생기는 **권운, 권적운, 권층운**은 얼음 입자로 만들어져 있습니다. 빛이 얼음 입자로 인해 굴절되면 **햇무리**나 **달무리**(빛 윤곽)가 쉽게 만들어진다는 점이 특징이에요. 옛날 사람들은 햇무리나 달무리를 보고 날씨가 나빠질 것으로 예상하기도 했어요.

권적운
상층운이에요. **비늘구름**으로 불리는 것에서도 알 수 있듯이, 하얗고 작은 알갱이 같은 구름 덩어리가 규칙적으로 늘어서 있는 구름입니다.

권층운
상층운이에요. 얇은 천 모양의 구름으로, 달이나 태양 주위로 무리(빛 윤곽)가 생겨요. 이런 현상을 보면 예전부터 날씨가 나빠질 징조라고 생각했어요.

고층운
중층운이에요. 구름을 통해 태양이나 빛이 어슴푸레하게 보인다고 해서 높층구름이라고도 해요.

고적운
중층운이에요. 벌집 같이 하얀 구름 덩어리가 규칙적으로 늘어선 것은 **양떼구름**이라고도 합니다. 그밖에 렌즈모양의 구름 등, 다양한 형상의 구름이 있어요.

층적운
하층운이에요. 흐린 날씨 때 자주 보이며, 여러 가지 모양이 있어요.

적운
하층운이지만 대류에 의해 발달하면서 중간층까지 솟구치는 것도 있어요. **뭉게구름**으로도 불리며, 두둥실 떠 있는 솜 같은 구름으로도 익숙합니다. 형상이 명확하다는 점이 특징이죠. 이 구름 위쪽은 양배추처럼 뭉게뭉게 피어나 태양에 비치면 밝게 빛납니다.

층운
하층운이에요. 하층운 가운데서도 특히 지표면으로 낮게 깔리면서 생기는 **회색이나 하얀 구름**인데 지표면과 접촉하면서 **안개**가 됩니다.

2 여러 가지 날씨의 모습들!
구름 색깔은 흰색만 있을까?

빛에 따라 색이 바뀌지!

빛이 어떻게 비치느냐에 따라 보이는 것이 달라져요!

푸른 하늘에는 하얀 구름이 떠 있을 것 같은 느낌이 강하지만, 사실 구름은 여러 가지 색으로 보일 수 있어요. 그런 색을 결정하는 것은 햇빛입니다. 우리 눈에 보이는 빛은 **가시광선**이라고 하는 빛으로, 빛의 파장 차이에 따라 빨간색에서 보라색까지 보이는 색이 바뀌는데요. 이 가시광선이 어떻게 구름에 비치고, 어떻게 퍼지느냐에 따라 상태가 차이 나면서 우리 눈에 비치는 빛 상태가 달라지고 보이는 색이 바뀌는 것입니다. 구름 입자 자체에 색이 있는 것이 아니에요.

회색 구름

여러 개의 파장의 빛이 똑같이 눈에 도달하면 구름은 다양한 색으로 보이지 않아요. 햇빛의 파장과 구름 입자 크기가 비슷하면 어떤 파장의 빛이든 간에 똑같이 흐트러져 흰색이나 회색으로 보입니다. 두터운 구름에서는 햇빛이 거의 흩어져 지상까지 도달하는 빛이 아주 적기 때문에 검은 회색으로 보이게 됩니다.

붉은 구름

아침이나 저녁 무렵에는 태양이 낮은 위치에 있기 때문에 햇빛이 대기 속을 길게 통과해요. 파장이 짧은 청색 빛은 공기 속의 티끌로 인해 흩어지면서 파장이 긴 붉은 빛이 쉽게 도달하기 때문에, 저녁 무렵에 서쪽 하늘이 붉게 보이고 거기에 떠 있는 구름도 붉게 보이는 것이랍니다.

하얀 구름

다양한 파장의 빛이 비슷하게 눈에 들어오더라도 회색 구름일 때보다 많은 빛이 눈에 들어오면 구름이 하얗게 보여요. 뭉게구름 같은 경우, 밑에서 보면 회색처럼 보이지만 비스듬하게 보면 햇빛이 구름에 강하게 반사되면서 하얗게 빛나듯이 보입니다.

예쁜 색으로 빛나는 구름을 보면 왠지 기분이 좋아!

2 여러 가지 날씨의 모습들!

구름 모양은 왜 제각각일까?

구름 주변의 기상상황이 다르기 때문이죠!

적운 같은 구름은 대류에 의해 발달하기 때문에 **뭉게뭉게 피는 모양**을 합니다. 대류가 잘 일어나지 않는 곳에서는 구름이 옆으로 길게 펼쳐져요. 또 바람이 산에 부딪치거나 할 때는 복잡한 바람이 발생해 구름 모양이 다른 모양으로 바뀌기도 합니다. 산 근처에 갔을 때 바람이 강하게 분다면 구름을 관측하는 것이 재미있을지도 모르겠네요.

렌즈구름(Lenticular Cloud)
산을 넘어온 바람이 물결치면서 생긴 구름. 하늘에서 강한 바람이 불 때 만들어져요.

거친파도구름(Asperitas)
바다의 파도처럼 출렁이면 움직이는 구름. 움직임이 빠르고 거칠게 이동합니다. 근처에 적란운이 있을 때 나타나요.

말굽구름
말의 발굽을 하늘에 그려놓은 모양의 구름. 보통은 보이지 않는 대기 속의 소용돌이가 구름에 의해 순간적으로 보이는 현상입니다.

운해
비행기나 높은 산 같이 구름을 내려다볼 수 있는 곳에 있으면 구름이 바다처럼 넓게 퍼져 보일 때가 있어요. 가을부터 봄까지 해 뜰 무렵에 **방사냉각**으로 차가워졌을 때 주로 만들어지는 구름입니다.

> 구름을 보고 있으면 구름의 흐름을 알 수 있지! 때로는 구름 위에 앉고도 싶어요!

◎ 아직 더 있다고요! 이상한 모양의 구름

비행기구름

비행기가 지나간 뒤에는 그 뒤쪽으로 지나간 흔적이 남는데, 그때 생기는 구름을 **비행기구름**이라고 합니다. 2가지 모양이 있어요. 한 가지는 배출가스에 들어 있던 수증기가 아주 차가운 바깥 공기에 노출되면서 **급격히 차가워져서** 물방울이나 얼음입자가 되어 생기는 비행기구름이고요.

또 한 가지는 비행기 뒤쪽으로 **기압이 떨어져 얼음입자**가 생기면서 만들어지는 비행기구름입니다. 비행기 날개 뒷부분이나 프로펠러 앞쪽 등은 특히 기압이 떨어지는데요. 기압이 떨어지면 공기가 팽창해서 차가워지기 때문에 구름이 만들어지는 것입니다.

고기압에 휩싸여 수증기도 적고 대기가 안정적이면 맑은 날씨가 계속 되지. 그래서 「비행기구름이 바로 사라지면 맑은 날씨」라고 해!

기온이 떨어지면 공기에 포함될 수 있는 수증기양이 줄어들기 때문에 수증기에서 물이나 얼음으로 바뀌는 거야!

◎ 비행기구름이 길면 비가 내린다?

구름이나 여러 대기 현상을 살펴보고 날씨를 예측하는 「관천망기」에서는 비행기구름이 바로 사라지면 맑은 날씨가 계속되고, 길게 남으면 날씨가 나빠진다고 합니다. 비행기구름이 만들어져도 주변 공기가 건조하면 구름은 바로 증발해 사라지죠. 저기압이 다가오면 하늘에는 습한 공기가 있기 때문에 비행기구름은 쉽사리 사라지지 않습니다. 비행기구름이 사라지는 것은 비가 가까이 있다는 표시라고 여겨졌어요.

소용돌이구름

UFO같은 모양을 하고서 그 장소에서 소용돌이치는 것처럼 보이는 구름. 아주 높은 산의 바람 아래쪽에 나타납니다. 강한 바람이 산을 넘으면 그 바람 아래쪽에서 공기가 파도치는데요. 공기가 습하면 공기가 상승하는 지점에서 수증기가 구름입자로 변하면서 그 **공기의 파도**가 눈에 보이게 되는 것입니다.

양떼구름

가을하늘에서 자주 보이는 양떼구름. 고적운의 일종으로, 날씨가 나빠지기 전에 나타나는 경우가 많아요.

우산구름

산이 우산을 쓰고 있는 것처럼 보이는 구름. 불어오는 바람이 산에 부딪친 다음 상승하면서 만들어지는 구름입니다.

2 여러 가지 날씨의 모습들!

구름 색깔은 어떻게 만들어지나?

이제 두 번 다시 저렇게 예쁜 색의 구름은 못 볼 거 같아!

햇빛이 구름 속 물방울을 휘감아 들어가면서 물드는 채운

빨강, 노랑, 초록 등등, 무지개처럼 곱게 물든 구름을 채운이라고 해요. 구름은 공기에 포함된 수증기양, 구름이 만들어지는 높이, 바람이 어떻게 부는가 등, 여러 가지 조건에 따라 달라져요. 거기에 햇빛이 어떻게 비치느냐에 따라 색도 달라지죠. 채운은 물방울이 햇빛을 반사하거나 굴절시키는 것이 아니라 빛이 휘감아 들어가는 「회절효과」로 발생합니다.

태양 가까이에 나타난 채운

◎ 비늘구름이나 양떼구름이 있을 때 나타나는 「채운」

채운은 햇빛이 하늘의 물방울을 휘감으면서 나아가는데, 빛의 파장으로 인해 나아가는 각도가 바뀌면서 색이 몇 가지 색으로 나뉘어 보이는 구름입니다. 태양 근처에 비늘구름이나 양떼구름이 있을 때 이런 현상이 일어나요. 비늘구름이나 양떼구름의 물방울 입자가 작고 모양도 비슷하기 때문에 예쁜 무지갯빛 채운이 잘 생겨요.

비늘구름에 나타난 채운

· ·

◎ 관찰 요령

채운은 태양 옆으로 나타납니다. 관찰할 때는 태양이 건물 등에 가려 안 보이는 곳에서 태양 근처에 있는 구름을 잘 보면 됩니다. 예쁘게 무지갯빛으로 빛나는 구름이 보일 때가 있어요. 옛날에는 「채운이 나타나면 불길한 일이 일어난다」고 한 적이 있지만 지금은 채운의 발생이 과학적으로 설명되었기 때문에 옛날이야기로만 남아 있을 뿐이죠.

태양을 직접 쳐다보는 일은 절대로 하면 안 돼!

2 여러 가지 날씨의 모습들!

무지개는 어디에 나타날까?

무지개를 찾아라!

무지개는 비가 내린 직후에 구름 사이로 햇빛이 비칠 때 볼 수 있어요. 무지개는 반드시 태양 반대쪽 위치에 나타나므로, 비가 개고 태양을 등진 방향을 올려다보면 무지개를 볼 수 있을지도 몰라요. 또 아침이나 저녁 무렵에 태양을 등진 상태에서 분수기로 물을 뿌리면 무지개가 보이기도 하죠.

무지개를 이루는 색

햇빛은 보통 여러 가지 색이 겹쳐서 하얗게 보입니다. 비가 그치고 공기 속의 물방울이 많아지면 햇빛은 공기 속 물방울과 부딪치면서 여러 각도로 굴절되는데요. 빛은 파장에 따라 굴절률이 다르기 때문에 여러 방향으로 분산되면서 빨간색, 주황색, 노란색, 초록색, 파란색, 남색, 보라색 등으로 나누어져 보이게 되죠. 이것이 무지개입니다.

무지개의 색은 7가지일까?

우리는 무지개 색을 빨, 주, 노, 초, 파, 남, 보 7가지 색으로 표현합니다. 하지만 실제로는 이 7가지 색을 확실히 구분하기가 어렵습니다. 무지개 색의 표현은 나라마다 달라서, 미국에서는 6가지 색으로, 독일에서는 5가지 색으로만 구분한다고 하네요.

> 빛의 파장은 빨, 주, 노, … 보 순으로 짧아지지!

2 여러 가지 날씨의 모습들!

지표면 위에도 구름이 있다고?

모락~ 모락~~

물방울

수증기

수증기는 실제로는 눈에 보이지 않아!

구름과 안개는 정체가 같아요!

수증기가 공기의 상승으로 인해 팽창했다가 차가워지면서 물방울이 된 것이 **구름**입니다. 이 구름 아래쪽이 지표면까지 닿아 있으면 그것이 **안개**가 되는 것이죠. 비가 내린 뒤에 지표면 부근의 수증기가 많은 상황에서 더 기온이 내려가면, 지표면 부근의 수증기가 물방울이 되면서 하얗게 보입니다. 이것도 **안개**예요. 안개는 입자가 작고 가벼울 뿐만 아니라, 떨어지는 속도도 느리기 때문에 비처럼 내리지 않고 공기 속에서 떠다닙니다.

호수에 낀 안개

🌼 안개에도 종류가 있어요!

안개는 발생하는 조건에 따라 종류가 있어요. 여기서는 3가지 종류에 관해 알아보겠습니다.

추운 지역의 안개

복사안개
겨울철 추운 날, 복사냉각에 의해 지표면 부근 공기가 차가워졌을 때 생기는 안개. 바람이 약하고 구름이 없는 밤, 분지 등에서 쉽게 발생합니다.

따뜻한 날의 바다 안개

이류안개
습하고 따뜻한 바람이 차가운 바다 위로 흘러가 공기가 차가워지면서 발생합니다. 여름철 동해 등에서 잘 발생하죠.

차가운 날의 바다 안개

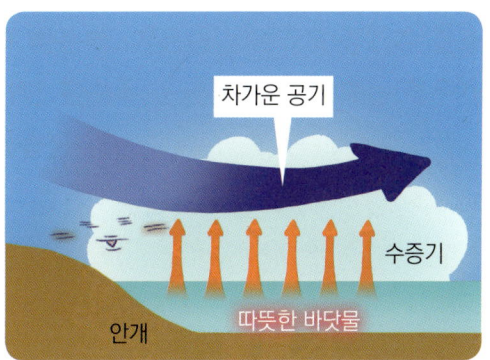

증기안개
따뜻한 바닷물에서 증발한 수증기가 그 상공으로 흘러들어온 차가운 공기에 식으면서 발생합니다. 겨울철 동해 등에서 쉽게 발생해요.

2 여러 가지 날씨의 모습들!

여러 가지 비의 종류

더운 여름날에 쏟아지는 소나기

맑은 여름 점심때부터 해질녘까지 일시적으로 많이 내리는 비를 소나기라고 해요. 여름철 낮 동안에 햇빛으로 인해 지표면이 뜨거워져서 지표면 부근의 대기가 따뜻해지면, 대기는 가벼워져서 상승기류가 되어 구름을 만듭니다. 이때 상공으로 차가운 공기가 들어오면 대기가 불안정해지기 때문에 적란운으로 바뀌는데요. 그 적란운이 소나기를 뿌리는 거랍니다.

맑은 날에 내리는 여우비

하늘은 푸르고 구름도 없는데 **비가 잠깐 동안 내릴 때**가 있습니다. 이런 비를 **여우비**라고 해요. 왜 이런 일이 일어나는 것일까요. 구름 속에서 비가 만들어진 다음 지표면으로 떨어질 때까지는 긴 시간이 걸립니다. 그러는 동안에 강풍이 불기라도 하면 구름이 그곳에서 사라지는 경우가 있죠. 반대로 낮은 위치에서 강풍이 불 때는 비 자체가 바람에 날려 원래 구름이 있던 아래쪽이 아니라 맑은 날씨의 지역으로 떨어지기도 하는 것입니다.

옛날 전래동화를 살펴보면, 호랑이한테 시집가는 여우를 사랑했던 구름이 슬퍼서 우는 눈물을 여우비라고 했대요. 하지만 여우의 행복을 빌면서 바로 그쳤기 때문에 여우비는 잠깐만 내리는 거라고 합니다.

푸른 하늘에서 여우비가 내린 모습

옛날 동화이야기로 여우비를 바라보면 재미있어!

비가 내리지 않는 곳이 있을까?

사막 같은 곳은 구름의 재료로 쓰이는 수증기가 적어서 비가 별로 내리지 않아요. 건조한 모래가 끝없이 펼쳐져 있는 사막은 지표면에서 증발될 만한 수분이 거의 없기 때문이죠. 그래서 아프리카의 사하라 사막 같은 곳은 연간 강수량이 5mm정도 밖에 안 되는 곳도 있답니다.

건조한 모래가 펼쳐진 사막

매일 날씨가 맑으면 좋겠지만 비가 너무 적게 내리면 곤란한 일도 많이 있겠지!

2 여러 가지 날씨의 모습들!

눈은 얼음입자가 무거워져서 떨어지는 것

눈은 비처럼 구름 속에 있는 눈송이가 떨어지는 것이야!

얼은 상태에서 구름 안에 있는 눈송이를 「얼음결정」이라고 해!

커진 얼음결정은 떠다닐 수 없어요!

상공의 기온이 낮으면 낮을수록 구름 속에 있는 물은 얼은 상태에서 **얼음결정**으로 존재합니다. 수증기나 물이 많은 구름 속에서 얼음결정은 주변의 수증기나 구름입자 등을 끌어당기는데요. 그러면서 얼음결정은 커지고 무거워지기 때문에 더 이상 상공에 떠 있지 못합니다. 그렇게 지표면으로 떨어지는 것이 눈이에요. 지상의 기온이 높다면 눈이 떨어지는 도중에 녹으면서 비로 바뀌기도 하지만, 추울 때는 얼은 상태 그대로 눈이 되어 내립니다.

2 여러 가지 날씨의 모습들!

겨울에 동해 쪽에서 눈이 잘 내리는 이유는 뭘까?

동해에서 만들어진 구름이 대관령의 산맥에 부딪쳐 많은 눈을 내리게 한다.

겨울철의 동해 쪽과 태평양 쪽은 눈 내리는 방식이 다르다. 이것은 겨울철의 기압배치와 바람 흐름과 관련되어 있다. 겨울에는 유라시아 대륙에 시베리아 고기압이라고 하는 강력한 고기압이 존재하고 있어서, 대륙으로부터 우리나라로 차갑고 건조한 북서풍이 불어온다. 이것이 동해 쪽 상공을 지날 때, 비교적 따뜻한 동해의 수증기가 많이 증발하면서 그것이 눈구름을 만든다. 그 구름이 대관령에 부딪쳐 많은 눈을 내리게 한다. 한반도의 산들은 높기 때문에 만들어진 눈구름이 쉽게 산을 넘지 못해 동해 쪽에 머물러 있기 때문에 눈은 동해 쪽에만 계속 내리고 내륙지방은 적게 내린다.

● 얼음과 눈이 만들어내는 아름다운 경치

구름이나 안개 속에는 영하로 떨어져도 얼지 않고 물방울로 존재하는 「과냉각 물방울」이 많이 포함되어 있다. 이 과냉각 물방울이 고체에 닿으면 거기서 얼어버리는 성질이 있다. 특히 높은 산에 있는 나무에 이런 물방울을 가진 바람이 불면, 나무 주변이 얼게 되고 그것이 사진 같은 눈사람 괴물이나 나무 서리를 만들어낸다.

눈사람 괴물(White Monster)

주로 동해 쪽 높은 산에서 많이 볼 수 있는, 나무를 뒤덮은 거대한 눈이나 얼음 뭉치. 이것을 화이트 몬스터(스노 몬스터)라고 한다. 바람에 날려 온 과냉각 물방울이 나무에 부딪쳐 바로 얼어붙으면서, 나무 형상을 따라 모습이 하얗게 바뀐다. 이 얼어붙은 나무 위로 눈이 쌓여 얼음과 눈이 겹치면서 점점 커진다. 이것이 반복되다가 거대한 하얀 몬스터가 만들어지는 것이다.

나무 서리

나뭇가지에 작은 얼음입자가 달라붙어 반짝반짝 빛나는 것이 나무 서리이다. 이것은 바람에 의해 날라 온 과냉각 물방울이나 수증기가 나무에 부딪쳐 만들어진다.

2 여러 가지 날씨의 모습들!

온도와 습도에 의해 결정되는 눈의 결정

여러 가지 종류의 눈 결정

눈 결정에는 육각형이나 막대 모양 등 여러 가지 종류가 있어요. 하늘의 기온이나 습도에 따라 눈 결정의 모양이 달라지는 것으로 알려져 있지요.

이 사진은 6개의 가지에 다시 조그만 잔가지가 나 있는 「나뭇가지 형상」이라고 하는 결정이야!

🟢 여러 가지 눈 결정

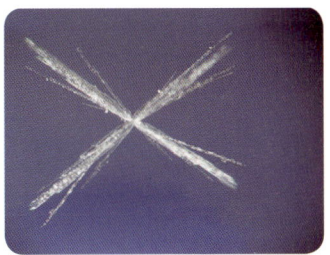

바늘모양 결정

육각기둥 모서리에서 나 있는 바늘처럼 가느다란 결정. 길이는 1~2mm 정도이며 영하 5℃ 전후 온도에서 만들어져요.

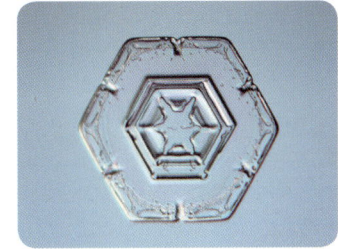

육각판 모양 결정

정육각형 결정. 크기는 0.1mm 정도이며 수증기 양이 약간 적은 곳에서 만들어져요.

꽃 모양 결정

눈 결정에는 기본적으로 육각형이 많지만, 이것은 12개의 가지가 나 있는 결정이에요.

부채 모양 결정

가운데 육각판에서 부채 모양의 가지 6개가 나온 결정이에요.

> 눈 내리는 날에 검은 옷을 입으면 옷에 붙은 눈 결정이 잘 보이지!

알고가요! 인공눈을 만든 물리학자

눈 결정을 연구했던 일본의 물리학자 나카야 우키치로 박사는 「눈은 하늘에서 보내 온 편지」라는 말을 남겼다고 합니다. 눈이 많이 내리는 지역에서 태어난 그는 1936년에 세계 최초로 인공눈을 만들었습니다. 얼음결정의 재료인 공기 속의 티끌 대신에 토끼 털을 사용하여 눈 결정을 만든 것이죠. 눈 결정이 온도나 습도에 따라 다른 모양으로 만들어진다는 사실을 발견하고는, 반대로 눈 결정을 통해 하늘의 기상상황을 파악할 수 있다고 생각했습니다.

77

우박이나 싸락눈은 얼음 덩어리

눈은 구름에서 떨어지는 얼음 입자이지만, 우박이나 싸락눈은 결정 형태가 아닙니다. 구름에서 떨어지는 얼음 덩어리이죠. 우박이나 싸락눈이 만들어지는 적란운 안은 상승기류와 하강기류가 뒤섞여 있는데요. 그 안에서 얼음 결정이 떨어지면서 녹아 물이 되고, 다시 상승하며 얼음이 됩니다. 이런 일이 반복되면서 조그만 알갱이를 흡수해 큰 얼음 덩어리로 커지게 되는데요. **직경 5mm 이상** 얼음 덩어리를 「우박」, 5mm 미만을 「싸락눈」이라고 불러요.

🌼 초여름에 많이 떨어지는 우박, 겨울에 많이 떨어지는 싸락눈

우박이 초여름에 많이 떨어지는 이유는, 거대한 적란운이 쉽게 발달해 강한 상승기류와 하강기류를 따라 위아래로 오르락내리락 하면서 큰 우박으로 커지기가 쉽기 때문입니다. 게다가 우박은 크기가 커서 빨리 떨어지기 때문에 기온이 높은 초여름에도 녹지 않고 얼음 상태로 떨어집니다. 싸락눈은 크기가 작아서 초여름에는 전부 녹아 비로 떨어져요. 동해쪽 지방은 겨울철에도 높이가 비교적 낮은 적란운이 발달해 싸락눈이 떨어집니다.

들판에 떨어진 우박

5mm 미만의 조그만 싸락눈

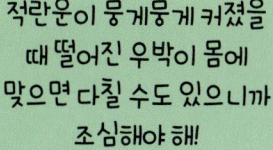
적란운이 뭉게뭉게 커졌을 때 떨어진 우박이 몸에 맞으면 다칠 수도 있으니까 조심해야 해!

🌼 싸락눈의 친구

서리

눈이 떨어지는 동안에 녹아서 비로 바뀌었다가 지표면 부근의 찬 공기의 영향으로 다시 얼어버린 것을 <u>서리</u>라고 해요. <u>얼음싸라기</u>라고 불리는 싸라기눈 종류와 모양이나 색이 비슷합니다. 얼음싸라기나 서리가 내리면 도로가 미끄럽기 때문에 자동차 운전할 때 특히 주의해야 해요.

진눈깨비

직경 1mm 이하의 아주 작은 눈이에요. 안개비가 발생한 상황에서 눈 결정으로 발달하기 전에 내리는 것으로 생각됩니다.

2 여러 가지 날씨의 모습들!

바람은 어떻게 만들어지나?

고기압이 저기압을 밀어내려고 할 때 만들어져요!

기압은 높은 곳에서 낮은 곳을 향해 힘이 작용합니다. 그 고기압이 저기압을 밀어내려고 할 때 바람이 일어나요. 그 바람에는 계절에 따라 정해진 방향으로 부는 **계절풍**, **무역풍처럼** 1년 동안 같은 방향으로 부는 바람들, 특정한 지역에서 부는 **국지풍** 등이 있습니다.

고기압이 밀어붙일 때 바람이 불지!

계절풍(Monsoon)

계절에 따라 정해진 방향으로 부는 바람을 계절풍(몬순)이라고 해요. 바다와 육지의 온도 차이가 나면서 발생하죠. 계절풍은 여름철에는 바다에서 육지로, 겨울철에는 육지에서 바다로 분답니다. 여름철에는 육지가 바다보다 더 더워져서 바람이 바다에서 육지 쪽으로 불고, 겨울철에는 육지가 바다보다 빨리 식어서 바람이 육지에서 바다 쪽으로 부는 거예요.

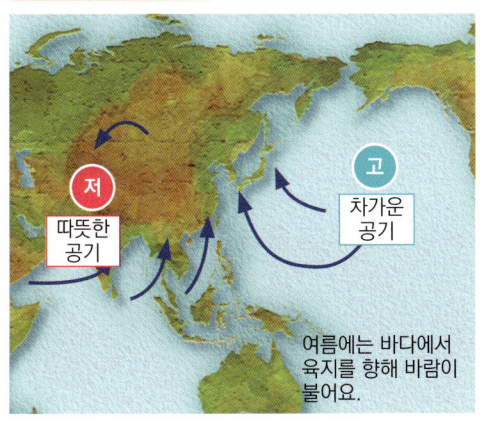

해륙풍(Sea and Land Breeze)

해안지역에서 하루를 주기로 밤과 낮에 바람의 방향이 바뀌는데 이를 해륙풍이라고 해요. 낮에는 바다보다 육지가 먼저 가열되기 때문에 육지쪽의 공기가 상승하면서 기압이 낮아져 상대적으로 기압이 높은 바다에서 육지를 향해 바람이 부는데, 이와 같은 바람을 해풍이라 한다. 반대로 밤이 되면 육지가 바다보다 먼저 냉각되기 때문에 육지 쪽의 공기가 무거워져서 하강하게되므로 육지의 기압이 바다보다 높아져 육지에서 바다를 향해 바람이 부는데, 이와 같은 바람을 육풍이라 한다.

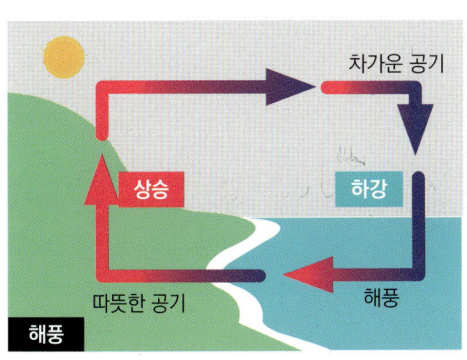

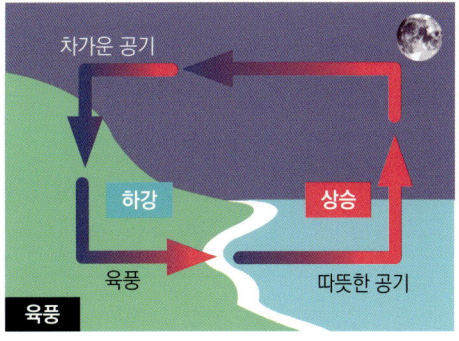

일 년 내내 거의 같은 방향으로 부는 바람

편서풍
지구의 주변을 서쪽에서 동쪽으로 부는 바람이에요. 한국이나 유럽 등 중위도 지역 상공에서 불어요. 이 바람을 타고 저기압이나 고기압도 서쪽에서 동쪽으로 움직입니다.

무역풍
위도가 대략 30도 이하인 지역에서 동쪽에서 서쪽으로 부는 바람이에요. 북반구에서는 북동풍을, 남반구에서는 남동풍을 가리킵니다.

극동풍
북극이나 남극의 초고압 대에서 아한대 저기압(고위도 저기압)을 향해 부는 바람이에요. 특히 남극 주변에서 많이 볼 수 있습니다.

옛날의 범선은 무역풍을 잘 이용해 바다를 누비고 다녔지!

알고가요!

초고압 대
북극이나 남극 같이 극지방에 있는 고기압 대를 말해요. 1년 내내 매우 추운 지역이기 때문에 복사냉각으로 인해 지상 부근에 차가운 고기압이 있습니다.

국지풍

어느 특정한 지역 위주로 지형 등의 영향 때문에 부는 바람이에요. 국지풍 가운데는 햇빛의 영향으로 인해 하루 동안에도 바람방향이 반대로 불 때가 있습니다. 대표적인 사례가 해륙풍이나 계곡풍이에요.

바닷가에서 실제로 바람을 느껴본다면 어떨까!

시로코 (Sirocco) 봄철에 사하라사막에서 지중해를 지나 이탈리아 남부를 향해 부는 바람이에요. 고온다습하기 때문에 무더운 날씨를 보입니다.

냉해풍

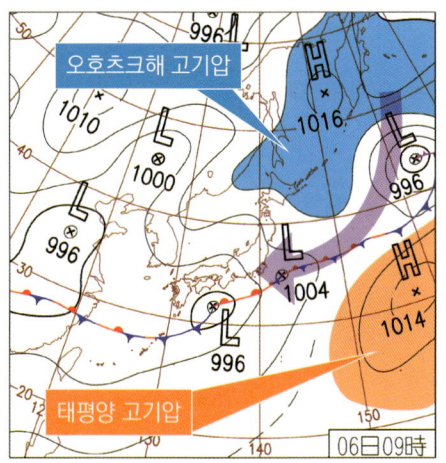

여름에 한국의 영동지방 태평양 쪽에서 부는 차가운 북동풍. 냉해풍이 불면 농작물을 수확하지 못하는 등, 냉해가 발생하는 경우도 있다.
출처: 日기상청

푄현상

원래는 알프스산맥을 넘어 독일이나 스위스 같은 중앙 유럽으로 부는 건조한 남풍을 가리켰어요. 독일어로 푄은 헤어드라이어라는 의미로도 쓰는데, **뜨겁고 건조한 바람**이라고 해서 이런 이름이 붙었죠. 남쪽의 습한 바람이 알프스산맥을 넘을 때는 비를 뿌리면서 100m 높아질 때마다 기온이 0.5℃씩 내려가지만, 알프스산맥을 넘어서 내려갈 때는 건조한 공기로 바뀌기 때문에 이번에는 100m 내려갈 때마다 기온이 1℃씩 높아집니다. 그 때문에 산에서 불어오는 바람은 뜨겁고 마른 바람이 되는 것이죠. 이런 식으로 산을 넘으면서 뜨겁고 건조한 바람이 부는 현상을 **푄(Foehn)현상**이라고 합니다. 40℃를 넘는 더운 날씨를 보일 때는 이 푄현상이 일어났을 경우가 많아요.

계곡풍

산의 계곡을 따라 올라갔다 내려갔다 하는 바람.

산의 계곡에서는, 낮에는 계곡에서 산 위쪽으로 바람이 불고 저녁에는 산 위쪽에서 계곡으로 바람이 불어요. 낮에는 햇빛에 의해 계곡이 따뜻해지는데요. 공기는 따뜻해지면 가볍기 때문에 계곡을 따라 위쪽으로 바람이 올라가죠. 반면에 저녁에는 계곡이 차가워집니다. 그러면 그 위의 공기도 마찬가지로 차가워지기 때문에 무거워서 계곡을 따라 바람이 아래쪽으로 불게 됩니다.

해륙풍

해안선에서 발생하는 해륙풍.

낮에는 바다에서 내륙으로 바람이 불고, 밤에는 내륙에서 바다를 향해 바람이 불어요. 바닷물의 온도는 거의 변화가 없는 반면, 육지는 낮에 햇빛에 의해 쉽게 따뜻해지고, 밤에는 차가워지기 때문에 이런 바람이 부는 것입니다. 아침과 저녁에 이 바닷바람과 육지바람이 바뀔 때 바람이 멈추는 **무풍현상**이 발생하는데, 이것을 **아침무풍·저녁무풍**이라고 부릅니다.

2 여러 가지 날씨의 모습들!

태풍은 어떻게 만들어질까?

한반도에는 여름부터 가을까지 많은 태풍이 접근해 오고 있어!

태풍의 눈은 하나인가?

적란운에서 만들어진 에너지가 지구의 자전 영향을 받으면서 강력하고 큰 소용돌이로 탈바꿈해요!

열대지방의 따뜻한 바다 위에서 만들어져 최대풍속이 초속 17.2m 이상인 열대저기압을 태풍이라고 합니다. 열대지방은 1년 내내 햇빛이 강하기 때문에 바다 온도가 높아서 물이 많이 증발해요. 이 수증기로 인해 많은 적란운이 발생하고 커지는데, 적란운 안에서 수증기가 물로 바뀔 때 큰 에너지가 만들어집니다. 이 에너지를 바탕으로 지구의 자전 영향을 받아 큰 소용돌이로 발달하는 것이 바로 태풍입니다. 북반구에서는 시계반대방향으로 돌고, 남반구에서는 시계방향으로 돌아요.

적란운
적란운의 상승기류로 인해 수증기가 물로 바뀌면서 큰 에너지가 만들어집니다.

태풍의 눈
기상위성에서 찍은 사진을 보면, 태풍 한 가운데에는 둥근 틈새가 나 있는데요, 이것을 **태풍의 눈**이라고 합니다. 여기에는 적란운이 없으며, 바람이 약하고 맑은 경우도 많습니다.

태풍의 눈 벽
태풍의 눈을 둘러싼 구름 벽이에요. 벽 너머로는 강력한 상승기류를 동반한 거대한 적란운이 있어서, 이 부근에서 바람이 가장 강하게 붑니다.

모루구름
적란운 상층에서 더 이상 윗쪽으로 발달하지 못하고 옆으로 퍼지는 구름으로, 나팔꽃 모양을 나타냅니다.

시계반대방향의 회오리
북반구에서는 태풍의 해수면 근처에서 중심을 향해 시계반대방향으로 돌아가는 바람이 불어요.

지구의 자전 영향을 잘 받지 않는 적도부근에서는 태풍이 별로 안 만들어지지!

태풍에는 눈이 있어서 태풍의 눈이 머리 위를 지나갈 때는 비나 바람이 그칠 때가 있어. 하지만 바람방향이 순식간에 바뀔 수도 있으니까 계속 조심해야 해.

태풍의 발생부터 소멸까지

열대·아열대 지방의 바다 위에서 생긴 태풍은 점점 커지면서 움직입니다. 그러면서 가장 위력이 강력해졌다가 이후에는 쇠퇴기에 접어들고, 육지로 올라가 더욱 약해지거나 또는 계속 북상해 온대 저기압으로 모습을 바꾸다가 일생을 마칩니다. **태풍의 평균 수명은 5.2일**이지만, 그 중에는 20일 정도까지 유지되는 장수 태풍도 있어요.

태풍의 에너지원은 수증기가 물로 바뀔 때 만들어지는 열이기 때문에, 수증기가 풍부하고 따뜻한 바다 위에서 생기면서 커져요. 태풍은 수증기가 없으면 위력이 약해지기 때문에, 차가운 바다나 육상으로 이동하고서는 쇠퇴합니다. 육상에서는 태풍의 소용돌이 바람과 육지 사이에서 마찰이 크게 일어난다는 점도 태풍의 힘이 약해지는 원인 중 하나예요.

발생기

열대지방 해상에서는 따뜻한 바다에서 증발하는 풍부한 수증기로 인해 적란운이 만들어집니다. 그 적란운으로 모여드는 공기 흐름이 지구의 자전 영향으로 소용돌이가 생겨요. 소용돌이는 주변 공기를 더 강하게 빨아들이는 한편, 수증기도 많고 또 상승기류가 쉽게 만들어지는 상태가 됩니다. 그것이 다시 소용돌이 흐름을 강하게 해 최대풍속이 초속 17.2m 조건을 넘으면 태풍으로 발달합니다.

발달기

태풍은 따뜻한 바다 위에서 이동하면서 풍부한 수증기를 흡수해 더 크게 발달해요. 그런 가운데 태풍의 눈이 생기게 되고, 눈 주변으로는 구름 벽이라고 하는 거대한 적란운과 강한 상승기류가 만들어집니다.

전성기

중심기압이 더 내려가 태풍 풍속이 가장 강력한 시기입니다. 위력이 강한 태풍일수록 큰 눈이 생겨요. 북위 30도 부근에서 편서풍을 만나면 진로가 서쪽에서 점차 북쪽이나 북동쪽으로 방향을 바꾸기도 합니다.

태풍의 위력

태풍의 위력은 강도와 강풍·폭풍 반경으로 나타납니다.

강도는 중심 최대풍속으로 나타내는데, 중심기압이 낮을수록 최대풍속도 강해지는 경향이 있어요. 크기는 강풍반경을 기준으로 소형, 중형, 대형, 초대형으로 구분했으나 2020년 5월 15일 이후부터는 크기 분류 대신 강풍반경과 폭풍반경 정보를 사용하고 있습니다.

태풍의 강도 분류

계급	중심부근 최대풍속
중	25m/s(48노트) 이상 ~ 33m/s(64노트) 미만
강	33m/s(64노트) 이상 ~ 44m/s(85노트) 미만
매우강	44m/s(85노트) 이상 ~ 54m/s(105노트) 미만
초강력	54m/s(105노트) 이상

※ m/s는 1초 동안 1m를 움직이는 속도를 나타냄.

태풍의 반경

강풍반경(km)	태풍중심으로부터 풍속이 15m/s이상 나타나는 영역
폭풍반경(km)	태풍중심으로부터 풍속이 25m/s이상 나타나는 영역

쇠퇴기

태풍이 북쪽으로 이동함에 따라 바닷물 온도가 내려가거나 육상으로 들어가면 수증기량이 줄어들어 위력이 약해집니다. 편서풍과 만나면서 온대저기압으로 바뀌기도 하지만, 그때 온대저기압으로서 갑자기 발달하는 경우도 있기 때문에 안심할 수 없습니다.

이미지: 日기상청

알려줘요! 곰 선생님 『대형에 강력한 태풍』과 『강력한 태풍』은 어떻게 다를까?

예전에는 소형 태풍이라든가 약한 태풍이라는 표현이 있었다. 약한 태풍이지만 많은 비를 내리게 해 막대한 피해를 주는 경우가 있다. 약하다는 말에서 부주의하는 일이 없도록 이런 용어를 사용하지 않게 된 것이다. 마찬가지로 예전에는 최대풍속이 태풍 기준에 미달할 때 약한 열대저기압이라고 불렀다. 이것도 「약하다」는 표현이 부주의를 불러올 수 있다는 이유로 지금은 열대저기압이라는 용어로 통일된 것이다. 다만 이 책에서는 열대저기압이라는 용어를 넓은 의미에서 사용해, 열대에서 발생하는 태풍과 같은 구조의 저기압을 가리키기도 한다.

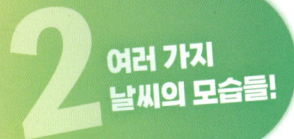

태풍의 이름은 어떻게 지을까?

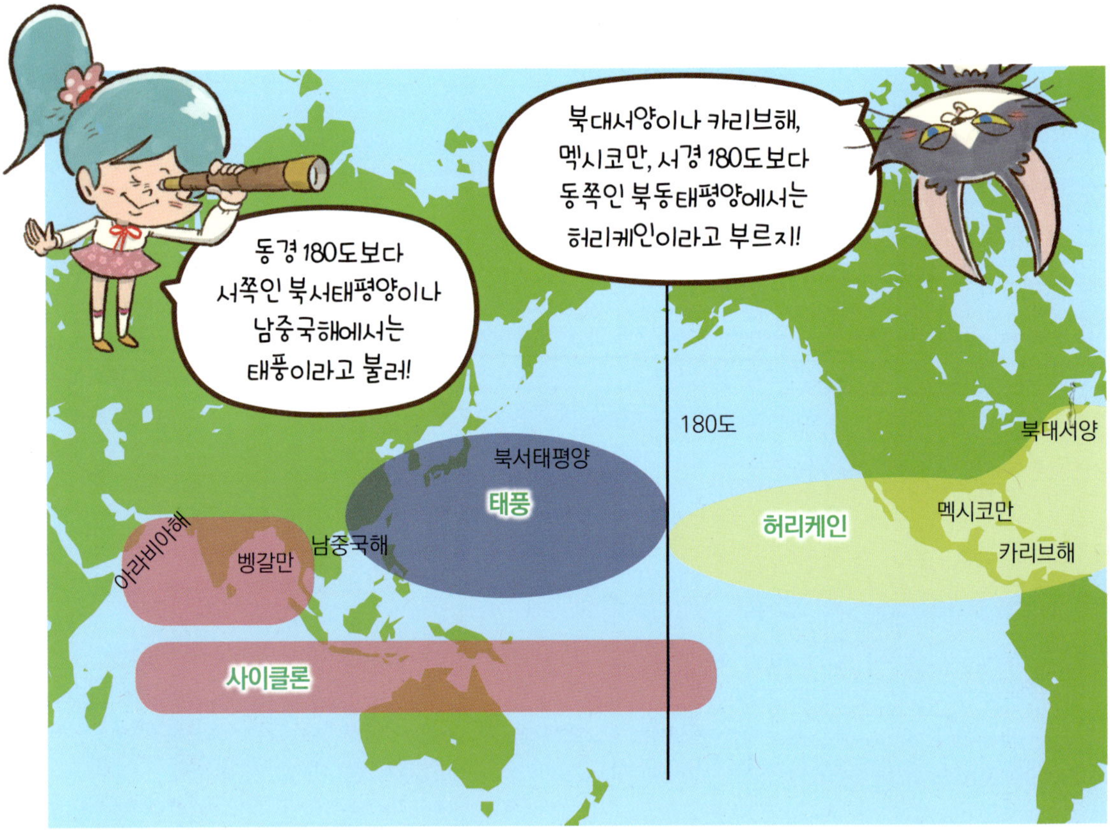

태풍, 허리케인, 사이클론

태풍과 같은 열대저기압인데 허리케인(Hurricane)이나 사이클론(Cyclone)이라고 부르는 것도 있어요. 태풍과 만들어지거나 커지는 과정은 똑같지만, 어떤 지역에 있느냐에 따라 다른 이름이 붙은 것입니다. 동경 180도보다 서쪽, 적도보다 북태평양에 있으면 우리가 말하는 태풍이라고 부릅니다. 그래서 허리케인이 동경 180도를 기준으로 서쪽으로 움직이면 그때는 태풍이라고 부르는 것이죠. 전 세계에서는 최대풍속 17.2m/s 이상인 열대저기압이 매년 80~90개 정도 만들어지는데요. 그 가운데 약 30%가 태풍으로 발달합니다. 또한 전 세계에서 중심기압이 가장 낮은, 말하자면 최강의 열대저기압 관측기록(870hPa헥토파스칼)은 1979년 10월에 비행기로 관측된 바 있습니다. 이처럼 태풍은 전 세계의 열대저기압 가운데 발생 개수나 위력 면에서도 거대한 존재예요.

태풍이 만들어지는 장소와 이름

동경 180도보다 북서태평양이나 남중국해에 있는 열대저기압을 **태풍**이라고 하고, 북대서양의 서경 180도보다 동쪽의 북태평양 동부에 있는 열대저기압을 **허리케인**이라고 합니다. 또 인도양이나 태평양 남부에 있는 열대저기압을 **사이클론**이라고 합니다.

열대저기압 구조라는 점에서는 모두 다 똑같지!

태풍에 적용되는 번호와 아시아 이름

원래 태풍의 이름은 괌에 있는 미국 해·공군 합동 태풍경보센터(JTWC)에서 남녀 영문 이름을 지어놓은 것을 각국이 따라서 사용했다가, 1997년 홍콩에서 열린 태풍위원회 회의에서 회원국인 미국과 아시아 각국의 언어로 바꾸기로 결정한 후, 2000년부터 세계기상기구(WMO)에서 태풍의 영향을 받는 14개국(한국, 북한, 미국, 중국, 일본, 캄보디아, 홍콩, 필리핀, 태국, 말레이시아, 베트남, 라오스, 마카오, 미크로네시아)에서 10개씩 제출한 140개의 이름을 28개씩 5개로 나누어 국가명 알파벳 순서에 따라 차례대로 붙이는 방식으로 바뀌었습니다. 140개를 다 사용한 후에는 다시 1번부터 시작해요.

한국은 인터넷 공모를 통해 개미, 나리, 장미, 수달, 노루, 제비, 너구리, 고니, 메기, 나비 10개를 태풍위원회에 제출했습니다.

아시아 이름 가운데는 태국의 디저트 음식인 부알로이나 라오스의 연못 이름인 논파 같은 것들도 있어!

2 여러 가지 날씨의 모습들!

천둥번개의 시작은 정전기로부터

얼음입자가 서로 부딪치면서 전기가 발생해요!

거대해진 적란운 안에서는 상승기류와 하강기류가 서로 뒤섞입니다. 이 기류를 타고 얼음입자들끼리 서로 심하게 부딪치는데, 이때 얼음들이 부딪치면서 정전기가 발생해 구름 안에 전기가 축적됩니다. 대기에는 전류가 통하지 않는 성질이 있지만 일정한 전압을 넘어서면 대기 속으로 전류가 흐르는데, 이것이 번개입니다. 전류는 구름과 구름 사이에서 흐르는 경우도 있지만 구름과 지표면 사이에서 흐르기도 해요. 구름 위의 천둥번개가 지표면으로 떨어진다고 해서 낙뢰(벼락)라고도 합니다.

지표면으로 떨어지는 번개의 모습

🌟 천둥번개가 만들어지는 과정

1 적란운 안에서 전기 덩어리가 생겨요.

적란운 안에서 서로 부딪친 얼음입자로 인해 전기가 발생. 구름 위쪽과 아래쪽으로 플러스(+) 전기와 마이너스(-) 전기로 나뉩니다.

2 지표면에도 전기가 모인다.

구름 아랫부분의 마이너스(-) 전기의 영향으로 지표면에는 플러스(+) 전기가 모여요.

3 위아래로 전기가 흐른다.

대기는 보통 전기가 통하지 않지만, 플러스(+)와 마이너스(-) 전압차이가 아주 클 때는 더 이상 견디지 못하고 전기가 통합니다. 구름과 구름 사이에서 전기가 통하는 것을 <u>구름방전</u>이라고 하고, 구름과 지표면 사이에서 전기가 통하는 것을 <u>낙뢰</u>(벼락)라고 불러요.

🌟 천둥번개가 많이 치는 동해

천둥번개는 여름에 많이 친다고 생각되지만, 동해 쪽에서는 겨울에도 많이 친다. 겨울철에 동해 쪽에서 치는 천둥번개는 눈을 내리게 하는 적란운이 원인이다. 여름철의 천둥번개는 하루에도 여러 번 발생하지만, 겨울철의 천둥번개는 한 번만 치는 경우도 있다. 횟수가 적기 때문에 한 번에 흐르는 전기량이 많아서 위험하다.

> 겨울철 동해 쪽의 낙뢰는 횟수는 적지만 무서워. 무서운 도깨비 같다고 할까!

천둥번개 소리의 정체는?

천둥번개가 쳐서 전기가 흐르는 장소에서는 공기가 순간적으로 태양보다 뜨거운 3만℃까지 치솟아요. 이 열로 인해 공기가 순식간에 팽창하게 되고, 그 충격으로 공기가 진동하면서 "우르르 쾅" 거리는 소리가 나는 것이죠. 이것은 북 소리가 울리는 원리와 똑같습니다. 또 소리의 속도보다 빛의 속도가 빠르기 때문에 천둥번개는 번쩍하고 번개가 친 다음에야 소리가 들립니다. 번개가 치고 나서 바로 소리가 날 때는 "빠식빠식" 거리는 엄청난 소리가 나지만, 시간을 두고 날 때는 "우르르 쾅" 하고 길게 납니다.

번개가 치고 나서 바로 소리가 날 때는 아주 무서운 소리가 나던데!

천둥번개까지의 거리를 추측해 봐요!

소리가 퍼져나가는 소리는 1초 동안에 약 340m이고, 빛은 1초 동안에 30만km로 퍼져나갑니다. 빛은 번개가 치는 동시에 눈에 보인다고 생각하면 됩니다. 하지만 소리가 들릴 때까지의 시간은 전류가 흐른 시점부터 천둥소리가 들린 곳까지 소리가 전파되는 시간이 되지요. 가령 번개가 치고 나서 10초 뒤에 소리가 들렸다면 번개가 친 곳까지의 대략적인 거리는 340×10=3,400m가 됩니다. 다만 구름방전 같은 경우는 구름 속에서만 전류가 흐른 것이기 때문에 머리 위쪽으로 3,400m 떨어진 곳일지도 몰라요.

시간이 10초나 걸린다고 해서 안심할 일은 아니지!

천둥번개는 강이나 바다에도 떨어져요!

천둥번개는 지표면뿐만 아니라 강이나 바다에 떨어질 때도 있어요. 물은 전기가 잘 통하기 때문에 강이나 바다에서 수영하고 있을 때 천둥번개가 치면 위험할 수 있습니다. 수면으로 떨어져 감전될 수도 있으니까 물에서 나와 실내로 피하는 것이 좋아요.

제비가 낮게 날면 비가 내린다는 말도 있다고!

피뢰침이 뭐지?

천둥번개는 나무나 높은 건물에 떨어지는 경우가 많아요. 높은 건물을 벼락 피해로부터 보호하기 위해서 옥상에 **피뢰침**을 설치합니다. 피뢰침은 침 같이 뾰족한 금속 장치로서, 천둥번개를 일부러 피뢰침으로 떨어뜨리게 하는데요. 전기를 지표면으로 분산시킴으로써 건물이 천둥번개 피해를 받지 않도록 막아주는 것입니다. 피뢰침은 미국의 벤저민 프랭클린이 발명하였는데 1750년 무렵까지 거슬러 올라갈 만큼 긴 역사를 가지고 있어요.

우리 주변에 있는 피뢰침을 찾아보면 어떨까!

벼락에 의한 사망사고나 화재를 예방해요!

천둥번개는 주변보다 높은 곳에 잘 떨어지기 때문에, 땅이나 산등성이처럼 넓은 장소에 있으면 직접 사람한테 떨어질 위험도 있어요. 번개가 사람에게 바로 떨어지면 목숨을 잃을 가능성이 높습니다. 또 나무로 벼락이 떨어지면 나무 주변까지 피해를 받기 때문에 천둥번개가 칠 것 같으면 최대한 나무근처에서 멀리 떨어지는 것이 좋아요.

🌼 천둥소리가 나면 즉각 피해야 해요!

천둥소리가 들릴 때는 언제 벼락이 칠지 모르는 상황입니다. 바로 행동을 취해야 해요.

> ❶ 즉시 건물이나 차 안으로 피합니다. 건물 안이 가장 안전해요.
> ❷ 밖에 있을 때는 나무나 전봇대 근처에서 떨어지고 가능한 자세를 낮춥니다.
> ❸ 처마 근처에서 비를 피하는 행동은 그 건물로 벼락이 쳤을 때 전기가 지나는 길과 가깝기 때문에 위험해요.
> ❹ 적란운에 의한 현상이므로 천둥번개뿐만 아니라 호우나 회오리 등에도 주의가 필요합니다.

공원 같은 곳에 있을 때 천둥소리가 들리면 바로 근처 건물 안으로 피하는 것이 최선이야!

🌼 슈퍼컴퓨터로 천둥번개를 예측!

천둥번개가 언제, 어디서, 어떻게 치는 지 미리 알아내는 건 정말 힘든 일이었지만, 최근에는 사정이 달라지고 있습니다. 바로 슈퍼컴퓨터 덕분이에요. 우리나라도 충북 청주시 국가기상 슈퍼컴퓨터센터에 슈퍼컴 5호기가 1초에 5경1,000조 번의 계산을 통해 빠르게 기상 예보를 하고 있습니다.

기상청 홈페이지에서는 비구름의 움직임이나 낙뢰 정보를 실시간으로 볼 수 있지!

슈퍼컴퓨터5호기(마루와 구루)

국가기상슈퍼컴퓨터센터

2 여러 가지 날씨의 모습들!

강력하게 소용돌이치는 토네이도

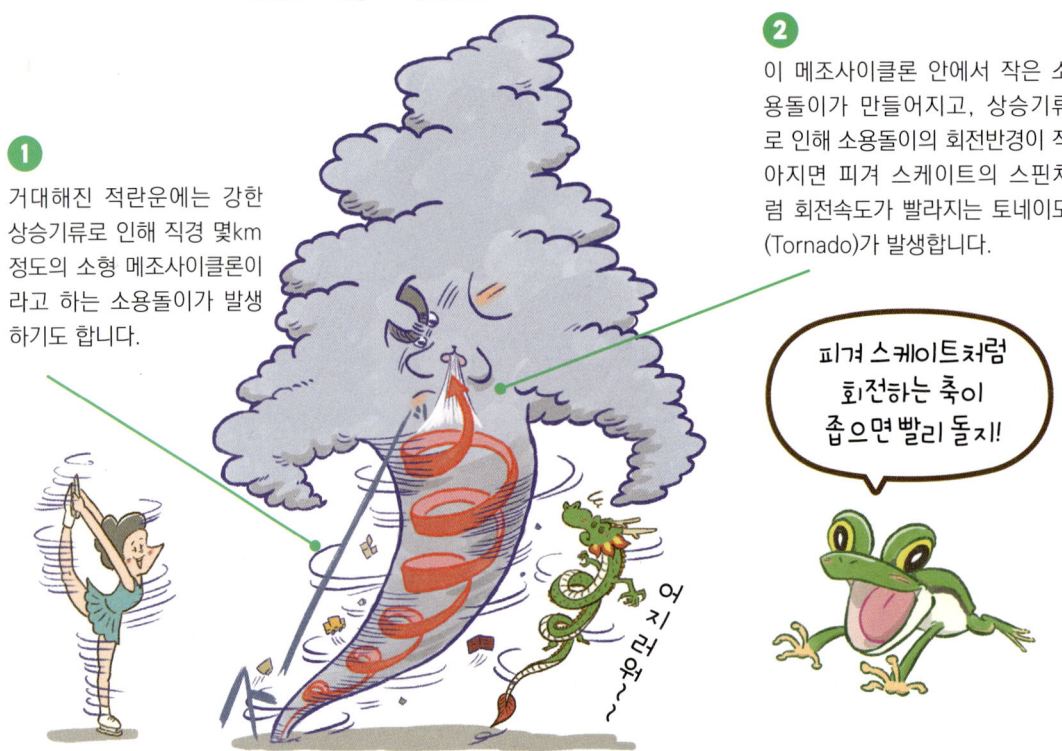

❶ 거대해진 적란운에는 강한 상승기류로 인해 직경 몇km 정도의 소형 메조사이클론이라고 하는 소용돌이가 발생하기도 합니다.

❷ 이 메조사이클론 안에서 작은 소용돌이가 만들어지고, 상승기류로 인해 소용돌이의 회전반경이 작아지면 피겨 스케이트의 스핀처럼 회전속도가 빨라지는 토네이도(Tornado)가 발생합니다.

피겨 스케이트처럼 회전하는 축이 좁으면 빨리 돌지!

태풍이나 온대저기압보다 훨씬 작고 수명도 짧지만, 매우 강력한 바람이 부는 토네이도

토네이도는 적란운의 강한 상승기류에 의해 발생하는 격렬한 회오리로서, 깔때기나 기둥 같은 모양의 구름이 보일 때가 많아요. 토네이도 속은 기압이 낮기 때문에 주변에서 빨려 들어오는 공기가 급격히 팽창하다가 식으면서 수증기가 응결해 검은 구름이 됩니다. 직경은 몇 십m에서 몇 백m 정도로서, 그 중심부근에서는 강력한 바람이 불어요. 대개의 경우 토네이도는 거대적란운(Supercell) 안에서 발생하는 메조사이클론(Mesocyclone)이라고 하는 작은 저기압에 의해 발생합니다. 토네이도의 직경은 메조사이클론의 소용돌이 크기보다 훨씬 작은 편으로, 마치 피겨 스케이트에서의 스핀처럼 소용돌이가 작아지면서 좁은 범위에서 빨리 회전하는 회오리가 만들어지는 것으로 여겨집니다.

가늘고 긴 구름을 만든 회오리

토네이도가 쉽게 발생하는 이유는?

토네이도는 바닷가나 평지에서 잘 일어나요. 소용돌이는 산 같은 장애물이 있으면 만들어지기가 힘들고, 만들어지더라도 산에 부딪쳐 사그라지죠. 특히 강한 토네이도는 거대한 적란운을 바탕으로 만들어지기 때문에 거대한 적란운으로 발달하기 위한 조건이 맞아야 합니다. 대기상태가 불안정할 뿐만 아니라 수증기가 많은 바람이 유입되는 등, 적란운을 둘러싼 공기 상태가 중요해요.

미국의 드넓은 대평원지대에서는 이런 토네이도 발달에 필요한 조건이 맞을 때

평지에서 발생한 토네이도

가 많아서 공포의 대상으로 여겨집니다. 토네이도가 많은 지역에서는 주택의 지하에 토네이도용 피난처를 만들기도 하며, 경보가 울리면 피난처로 들어가요. 토네이도에 의해 집은 날아가도 생명만은 지키기 위해서입니다.

토네이도에서 물고기가 떨어진다고?

하늘에서 비나 우박이 아닌 물고기 등과 같은 생물이 떨어지는 현상(Fall from the skies)의 원인도 토네이도 때문이라는 주장이 있어요. 1956년에 미국에서는 갑자기 어두운 구름이 나타나더니 메기나 베스 같은 물고기가 하늘에서 떨어진 뒤, 바로 하얀 구름으로 바뀌었다는 기록이 있습니다. 강력한 토네이도는 무거운 자동차까지 공중으로 빨아들였다가 먼 곳으로 날려 보낼 만큼 대단히 위력적이에요.

회오리바람과 토네이도는 같은 것일까?

날은 맑은데 바람이 강해서 학교 운동장이나 공원 등에서 바람이 소용돌이를 일으켜 모래를 빨아올리는 경우가 있습니다. 이것은 조그만 회오리바람일 뿐이에요. 하늘에 적란운이 없으면 토네이도가 아닙니다.

태풍이 다가올 때도 토네이도가 자주 발생하지!

🟢 태풍만큼 강한 바람 「다운버스트」

돌풍은 거대하게 발달한 슈퍼셀이라고 하는 적란운에서 만들어집니다. 상승기류가 소용돌이를 일으켜 만들어지는 토네이도 외에, 하강기류로 인해 만들어지는 다운버스트(Downburst)도 있어요.

다운버스트는 하강기류가 지면에 부딪쳐서 돌풍이 된 다음 원형으로 퍼져나가는 현상인데요. 이 돌풍은 이착륙하는 비행기를 추락시킬 수 있을 만큼 강력합니다.

보퍼트의 풍력 계급

바람의 강도를 표시하는 계급이 있어요. 번호가 커질수록 풍속이 강한 바람이죠. 현재 널리 사용되는 것은 1805년 영국의 해군 제독이었던 보퍼트(Beaufort)가 만든 보퍼트 풍력계급을 1964년 개정한 것인데요. 0부터 12까지 13개의 풍력계급이 있습니다.

보퍼트의 풍력 계급표

풍속 계급	명칭	지상의 상태	지상 10m의 풍속(m/s)
0	고요	연기가 똑바로 올라간다	0.0~0.2
1	실바람	풍향계에는 기록되지 않지만 연기가 날리는 모양으로 보아 알 수 있다.	0.3~1.5
2	남실바람	얼굴에 바람을 느낄 수 있고 나뭇잎이 살랑인다.	1.6~3.3
3	산들바람	나뭇잎과 가느다란 가지가 흔들리고 깃발이 가볍게 날린다.	3.4~5.4
4	건들바람	먼지가 일고 작은 가지가 흔들린다.	5.5~7.9
5	흔들바람	잎이 무성한 작은 나무 전체가 흔들리고, 강이나 호수에 잔물결이 일어난다.	8.0~10.7
6	된바람	큰 가지가 흔들리고 전깃줄이 울리며 우산 받기가 힘들다.	10.8~13.8
7	센바람	나무전체가 흔들리고 바람을 향하여 걸어 갈 수 없다.	13.9~7.1
8	큰바람	가느다란 가지가 부러지고 바람을 향하여 걸어갈 수 없다.	17.2~20.7
9	큰센바람	굴뚝이 넘어지고 기와가 벗겨진다.	20.8~24.4
10	노대바람	나무가 뿌리채 뽑히고 주택에 큰 피해를 입힌다.	24.5~28.4
11	왕바람	경험하기 매우 힘들며 광범위하게 파괴된다.	28.5~32.6
12	싹슬바람	육지에 관측된 예는 없다.	32.7이상

알고가요! 영국의 제독 보퍼트(Beaufort, Sir Francis)

보버트는 영국의 제독(1774~1857)으로서 1803년 경부터 수로 측량을 하면서 바람의 세기 풍력의 등급을 고안하였다. 당시에는 해상용으로 개발하였으나, 오늘날에는 기상통보 등 다양하게 쓰이고 있는 현실이다.

2 여러 가지 날씨의 모습들!

집중호우가 뭐지?

> 나한테만 비가 내리네!

> 구름이 하나뿐인걸 게릴라 호우라고 하지!

짧은 시간에 큰 피해를 입을만큼 많이 내리는 비

짧은 시간에 좁은 범위에서 큰 피해를 입을만큼 많이 내리는 비 게릴라 호우는 몇 십 분에 몇 십mm 정도가 집중적으로 내리면서, 갑자기 작은 강물이 불어나거나 도로를 침수시킬 만큼 많이 내리는 비를 말해요. 이와 달리 집중호우는 몇 시간에 걸쳐 백mm에서 몇 백mm의 비가 내립니다. 좁은 범위라고 해도 게릴라 호우보다는 넓은 범위에서 내릴 때가 많아요. 게릴라 호우보다 내리는 시간도 길고 양도 더 많은 이유는, 하나의 적란운뿐만 아니라 계속해서 다른 적란운이 만들어지면서 같은 지역을 통과하기 때문입니다.

오랜 시간동안 비가 내리면 흙더미가 무너지거나 강물이 넘쳐서 홍수를 불러오기도 해요.

🌼 집중호우가 많이 일어나는 시기

집중호우는 따뜻하고 습한 공기가 많이 유입되는 시기에 내려요. 예를 들면, 장마전선이 우리나라부근에 정체해 있는 장마철이나 태풍이 근접·상륙하는 시기 등입니다. 장마전선이 정체해 있고 남쪽에서 태풍이나 열대저기압이 북상해서 다가올 때는 특히 위험해요.

비가 계속해서 오래 내리면 홍수나 산사태 등과 같은 재해로 이어져서 위험해!

🌼 장마전선에 의한 집중호우 사례

우리나라의 장마는 보통 6월 하순쯤에 시작하여 7월 중순까지 이어지는데, 이런 장마기간과 북태평양고기압의 영향을 받는 여름철에는 남쪽으로부터 많은 수증기가 유입되면서 **집중호우**가 나타나기 쉬운시기입니다. 보통 한 시간에 30mm이상이나 하루에 80mm 이상의 비가 내릴 때가 있어요. 또한, 연 강수량의 10%에 해당하는 비가 하루에 내리기도 합니다.

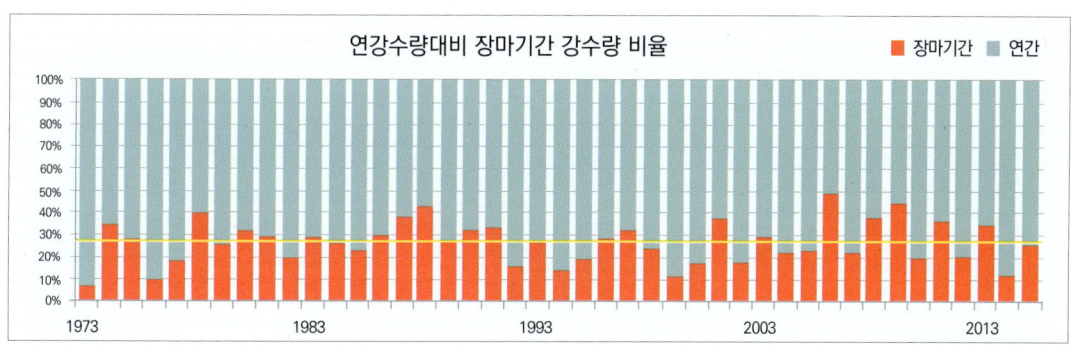

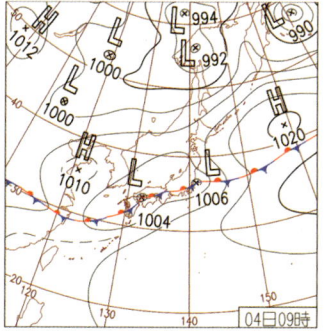

일기도

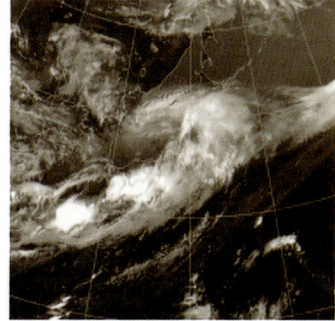

기상위성 적외선 촬영 화면

분석 강수량

선형태의 비 내리는 지역

출처: 日기상청

🟢 게릴라 호우가 내리기까지

　게릴라 호우는 지표면과 상공의 기온차이가 심해서 적란운이 급속히 만들어질 때 발생해요. 게릴라 호우는 몇 십 분에서 1시간 정도의 짧은 시간동안 좁은 지역에 많은 비를 뿌리죠. 작은 하천의 물이 불어나거나 지하도로가 침수되기도 합니다.

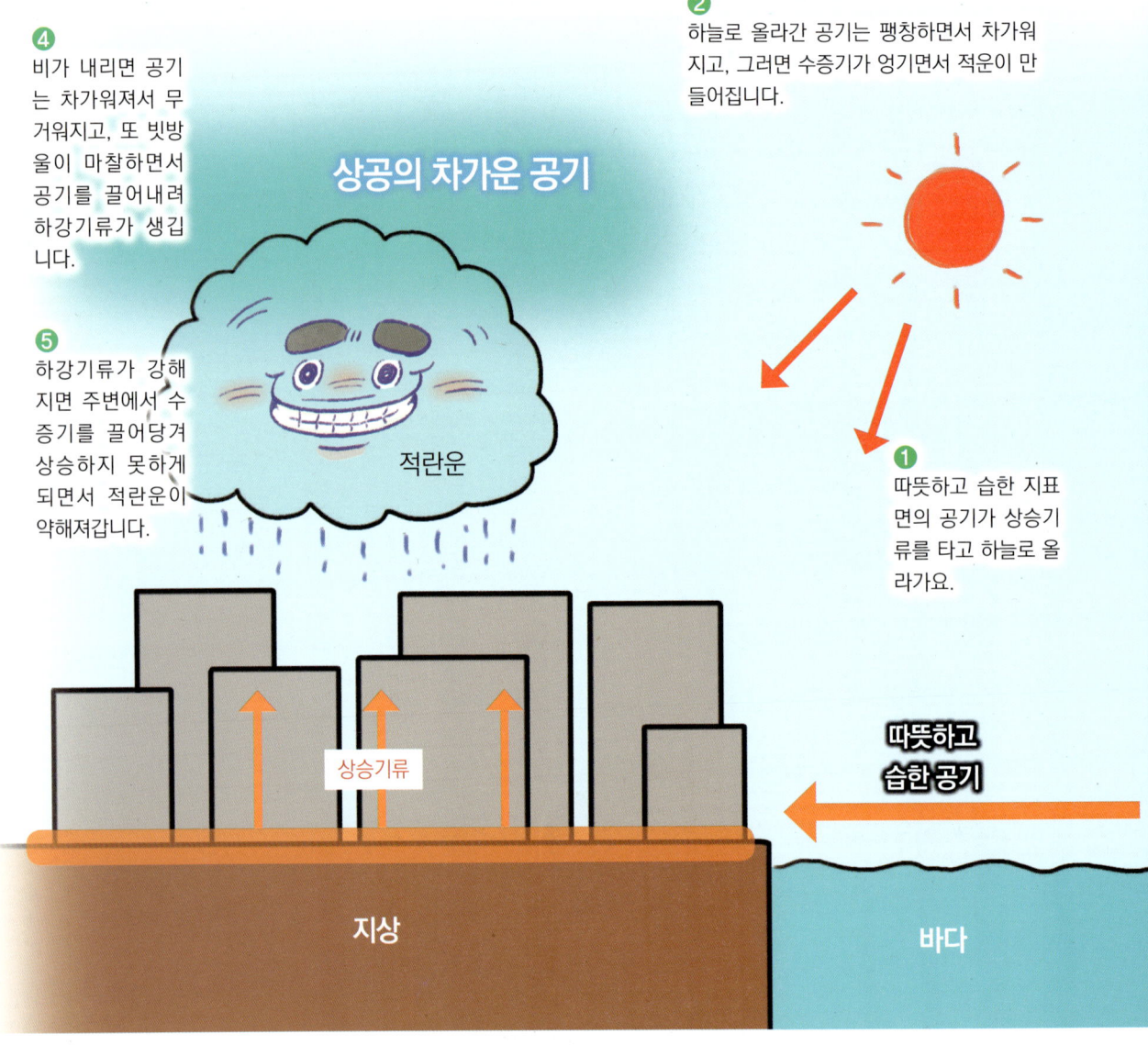

❸ 적운은 더 커지면서 적란운으로 바뀐 다음 많은 비를 뿌리기 시작해요.

❷ 하늘로 올라간 공기는 팽창하면서 차가워지고, 그러면 수증기가 엉기면서 적운이 만들어집니다.

❹ 비가 내리면 공기는 차가워져서 무거워지고, 또 빗방울이 마찰하면서 공기를 끌어내려 하강기류가 생깁니다.

❺ 하강기류가 강해지면 주변에서 수증기를 끌어당겨 상승하지 못하게 되면서 적란운이 약해져갑니다.

❶ 따뜻하고 습한 지표면의 공기가 상승기류를 타고 하늘로 올라가요.

🟢 예상하기 어려운 게릴라 호우

숲 속 같은 곳에 숨어서 적을 공격하는 게릴라 전법은, 지키는 쪽에서 보면 상대가 잘 보이지 않기 때문에 예측이 어렵다는 특징이 있습니다. 게릴라 호우도 언제·어디서 발생할지 예측하기 어렵다고 해서 이런 이름이 붙은 것이에요.

어느 작은 하천의 하류에서 놀던 사람들이 게릴라 호우가 내리면서 갑자기 물이 불어 휩쓸려 내려가는 사고가 있었는데요. 사람들이 놀던 지역의 날씨는 나쁘지 않았지만, 강 상류에서 국지적으로 폭우가 내렸기 때문에 하류에서 물이 불어났던 것입니다. 근래에 게릴라 호우가 많이 발생하게 된 것은 기후변화에 의한 기온상승으로 대기 속에 수증기량이 많아진 것이 배경으로 추측됩니다.

기후변화 영향 때문이네!

예측이 어려우면 대비하기도 어렵다는 것이 문제야!

 적란운이 계속해서 만들어지면 많은 비가 계속해서 내리게 되는 거야!

게릴라 호우는 한 두 개의 적란운에서 발생하는 경우가 많기 때문에 국지적으로 1시간 정도면 비가 그칩니다. 그런데 적란운이 계속해서 만들어지면서 무리를 이루면 많은 비가 더 넓은 지역에서 오랫동안 내리게 됩니다. 이런 적란운이 무리를 이루는 대표적인 것으로 <u>선상강수대</u>가 있습니다.

2 여러 가지 날씨의 모습들!

엄청난 피해를 주는 선상 강수대의 정체

집중호우로 인한 피해가 발생했을 때, 뉴스 등에서 선상강수대라는 말을 사용할 때가 있습니다. 이것은 많은 비를 내리게 하는 적란운이 계속해서 만들어져 선상으로 늘어서듯이 적란운 무리가 만들어지는 것을 의미하는데요. 적란운이 폭 20~50km, 길이 50~300km대 안에서 무리를 이루는 상태이기 때문에 같은 곳에서 몇 시간부터 반나절 동안 많은 비가 계속 내립니다. 이렇게 많은 비가 내리면 홍수나 산사태 같은 큰 피해를 줄 위험성이 있어요.

백 빌딩 현상

지표면 근처에 따뜻하고 습한 바람이 불고, 그 공기가 어떤 이유로 솟구치면서 적란운이 만들어지고 커집니다.

이 적란운이 커져서 많은 비를 뿌리면서 생성되는 하강기류와 바람 위의 따뜻하고 습한 하층풍이 부딪쳐 다시 상승기류가 발생하면서 새로운 적란운이 만들어집니다.

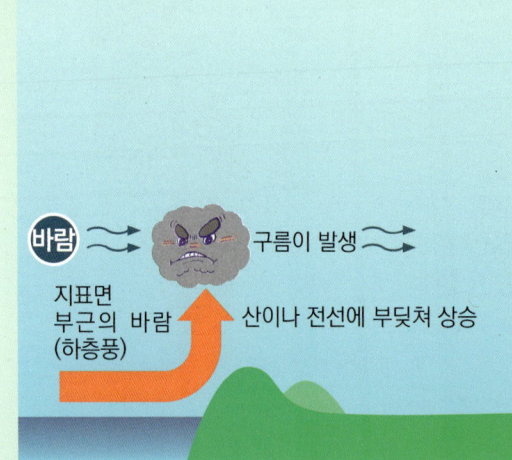

🌼 선상강수대를 만드는 「백 빌딩」

그림처럼 바람 위에서 계속해서 새로운 적란운이 만들어진 다음 커지면서 아래쪽으로 이동하는 현상을 백 빌딩(Back Build)현상이라고 하는데요. 물통을 쏟아부은 것처럼 많은 비가 몇 시간 동안 계속해서 내리는 경우도 있기 때문에, 산사태나 홍수 같은 피해에 주의해야 합니다.

선상강수대는 집중호우나 폭우로 인한 피해가 많이 발생하고 있어서, 기상청에서는 선상강수대로 인한 폭우 가능성을 예측하는 정보를 제공하기 시작했습니다. 앞으로도 슈퍼컴퓨터를 이용해 정확도를 더 높여나갈 계획이에요.

3

❷번을 반복하면 같은 장소에서 적란운이 만들어져 바람 아래쪽으로 이동합니다. 하나의 적란운은 1시간 정도면 사라지지만, 계속해서 새로운 적란운이 만들어지면서 아래쪽으로 이동하기 때문에 오랫동안 많은 비가 내려요.

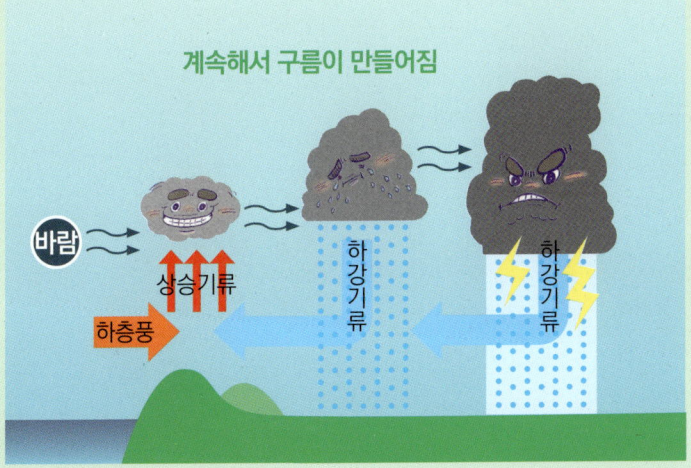

선상강수대를 예측하기는 아주 어렵다고 해!

구름 사이로 보이는 햇살

2 여러 가지 날씨의 모습들!

"그건 아니야~!"

태양빛이 반사되어 보이는 빛줄기

구름이 많이 끼어 흐린 날에 구름 틈새로 내리쬐는 빛줄기를 본 적이 있나요? 그것을 틈새빛살이나 부챗살 빛줄기(Crepuscular Rays)라고 하는데요. 하늘에서 뭔가가 내려올 것 같은 길처럼 보이면서 신비함을 연출하지요. 구약성서에 등장하는 '야곱'이라는 사람이 꿈속에서, 하늘에서 빛으로 된 사다리를 이용해 땅으로 춤추며 내려오는 천사를 봤다고 해서 「천사의 사다리」라고 부르기도 한대요.

아침 무렵이나 저녁에 발생하는 천사의 사다리는 따뜻해 보이는 멋진 색으로 칠해져 있지!

◉ 조건이 갖춰졌을 때 비로소 볼 수 있는 「천사의 사다리」

 태양빛은 지구를 비추고 있지만 보통은 그 경로를 보기는 힘들어요. 구름 사이로 틈새가 있고 그곳으로 태양빛이 통과할 때, 공기 속에 미세한 물방울이나 티끌이 많아야 거기에 태양빛이 반사되어야만 빛이 비치는 방향을 볼 수 있는 것이죠.

 어두운 구름(층적운)이나 양떼구름(고적운)이 퍼져 있는 아침 무렵이나 저녁녘, 특히 비가 개인 후에 천사의 사다리가 보이기 쉽습니다. 구름이 두껍게 퍼져 있는 맑은 날이나 습도가 높을 때는 한 손에 카메라를 들고 하늘을 올려다보는 것도 좋아요. 그림처럼 아름다운 빛줄기가 보일지도 모르거든요.

칼럼

플라스틱 병 안에서 물 회오리를 만들어 보자!

플라스틱 병 안의 물을 빙빙 흔들면 회오리가 쳐요. 플라스틱 병 안에 회오리를 만들어 보면서 토네이도가 어떻게 만들어지는지 관찰합니다. 기본적인 방법을 익혔으면 조건을 바꿔가면서 실험해 봐요. 예를 들면, 구멍의 크기나 물을 흔드는 강도, 돌리는 횟수 등을 바꿔가면서 해보면, 어떤 조건에서 어떤 회오리가 만들어지는지 알게 됩니다.

준비물
- 500ml 페트병 2개(뚜껑 포함)
- 순간 접착제
- 비닐 테이프
- 송곳
- 물감 섞은 물
- 행주

① 플라스틱 병의 뚜껑 2개를 막힌 쪽으로 이어붙인 다음, 접착한 곳을 비닐 테이프로 감아요.

② 이어붙인 병뚜껑 한 가운데를 뾰족한 송곳을 사용해 8mm 크기의 구멍을 뚫어요.

③ 플라스틱 병 하나에 7~80%선까지 물감 섞은 물을 넣어요. 다른 플라스틱 병은 빈 상태로 둡니다.

④ 물이 있는 플라스틱 병을 밑에 두고 뚜껑을 끼운 다음, 위쪽으로 빈 플라스틱 병을 끼워요.

⑤ 물이 있는 플라스틱 병을 밑에 두고 뚜껑을 끼운 다음, 위쪽으로 빈 플라스틱 병을 끼워요.

회오리가 생기려면 여러 가지 조건이 필요하다는 사실을 알 수 있지!

3장

일기예보에 대해 알아봐요!

옛날부터 농사꾼이나 뱃사람에게 날씨를 예상하는
일은 아주 중요했습니다.
그래서 오랫동안의 경험이나 전해 내려오는 말을 바탕으로
하늘의 모습을 살펴보며 날씨를 예상하고는 했어요.
그 후 일기도를 사용해 날씨를 예보하는
기술이 만들어졌고, 더 나아가 컴퓨터를 이용해 날씨를
예보하는 기술로 발전해 왔습니다.
여기서는 TV를 통해 친숙해진 일기예보에 관해
배워보겠습니다.

3 일기 예보에 대해 알아봐요!

일기예보는 언제부터 시작했을까?

일기도를 통해 날씨를 예보하게 된 것은 19세기부터

옛날부터 농사를 짓거나 물고기를 잡는 사람들은 날씨가 매우 중요했어요. 일기도가 없었던 시절에는 자신이 살던 곳이나 바다에서 경험을 바탕으로 하늘이나 구름의 모습을 보면서 내일의 날씨를 예상했지요. 이것을 <u>관천망기</u>라고 합니다. 하지만 이런 방법으로는 며칠 후의 날씨, 예를 들어 이틀 후의 날씨조차도 예상하기 힘들었을 뿐만 아니라 태풍이 언제 올지도 예상하기 어려웠어요.

지금으로부터 170년쯤 전에, 유럽의 흑해라고 하는 지역에서 프랑스 군함이 폭풍을 만나 침몰하는 사고가 난 적이 있었는데요. 파리 천문대가 조사한 바에 따르면 이 폭풍이 서쪽의 지중해에서 동쪽의 흑해로 이동했다는 사실을 밝혀냈습니다. 이 조사를 계기로 일기도를 그려서 날씨를 예상하는 방법이 만들어졌고 지금의 <u>일기예보</u>로 이어지고 있답니다.

☀ 석양을 보고 내일은 좋은 날씨라고 예상했어요!

저녁 무렵, 서쪽 하늘에 예쁜 석양이 보이면 내일도 날씨가 좋다고 예상했습니다. 이것도 옛날부터의 관천망기 중의 하나인데요.

석양이 붉게 보이는 것은 서쪽으로 가라앉은 태양빛이 대기층을 길게 통과하기 때문이거든요. 태양빛 가운데 파장이 긴 붉은 빛일수록 대기 방해를 받지 않고 멀리까지 빛이 뻗습니다. 석양이 예쁘다는 것은 지평선 저 멀리도 맑다는 의미예요.

대기는 서쪽에서 동쪽으로 움직이니까 석양을 보면 어느 정도 날씨를 예상할 수 있지!

「옛사람이 전해준 말」은 과학적으로도 맞을까?!

우리나라와 같이 중위도에 위치한 나라들은 대기가 서쪽에서 동쪽으로 이동하는데요. 저녁 무렵에 맑은 서쪽 하늘을 봤다면, 다음 날에도 그 맑은 날씨가 자신이 사는 하늘 위로 이동해 온다고 예상합니다. 옛날 사람들은 이렇게 경험에 기초해 얻은 지혜를 다음 세대에 전해주었는데요. 이런 지혜는 오늘날 과학적으로도 정확한 것들이 적지 않습니다.

저녁에 예쁜 석양이 보이면 내일은 맑은 날씨라고…

3 일기 예보에 대해 알아봐요!

일기예보에서 빼놓을 수 없는 일기도

위도선과 경도선도 적혀 있네!

고기압
주변보다 기압이 높은 부분으로, 지형도에 비유하면 산의 정상 부근에 해당합니다. 고기압이 연속되는 부분을 **기압 능선**이라고 부르기도 해요. 일기도에서는 「H」로 표시합니다.

전선
따뜻한 공기와 차가운 공기의 경계선으로, 이 경계선 근처는 날씨가 나빠요. 또 전선이 통과하면 기온이나 바람방향이 갑자기 바뀌기도 하지요.

일기도란 지도에 등압선이나 고기압, 저기압, 전선 등을 나타낸 그림

일기도에 주로 등장하는 것들은 고기압, 저기압, 전선입니다. 저기압이나 전선이 다가오면 날씨가 나빠지고, 고기압이 다가오면 날씨가 좋아지는 경향이 있어요. 이것을 이용해 **일기예보**가 만들어집니다. 또한 이것들의 위치를 알기 쉽게 나타낸 것이 **등압선**이라고 하는 곡선인데요. 등압선은 같은 기압을 선으로 연결한 것을 말합니다.

한국의 날씨는 서쪽에서 동쪽으로 움직인다.

일기예보에서 자주 보는 일기도에는 저기압이나 고기압, 전선 등이 그려져 있어요. 저기압이나 전선은 나쁜 날씨를 불러오고, 고기압은 좋은 날씨를 불러오죠.

한국 하늘에는 항상 서쪽에서 동쪽으로 편서풍이 붑니다. 이 때문에 저기압이나 고기압도 편서풍을 타고 서쪽에서 동쪽으로 움직여요. 이에 따라 대기도 서쪽에서 동쪽으로 옮겨갑니다.

저기압
주변보다 기압이 낮은 곳으로, 지형도로 비유하면 분지에 해당합니다. 저기압이 포함된 기압이 낮은 부분을 **기압골**이라고 불러요. 일기도에서는 「L」로 표시합니다.

등압선
기압이 똑같은 부분을 선으로 이은 것으로 단위는 hPa(헥토파스칼)을 이용합니다.

날씨기호
비나 맑은 날 등의 날씨를 기호로 나타낸 것입니다.

다음 페이지에서는 날씨기호에 관해 알아볼까!

🌼 날씨기호를 보고 날씨를 파악해 봐요!

일기도에 있는 날씨기호는 그 장소에서 구름은 얼마나 끼어 있는지, 바람은 어느방향으로 얼마나 부는지, 기온은 몇도인지, 비가 오는지 눈이 오는지 등 기상상태를 나타냅니다.

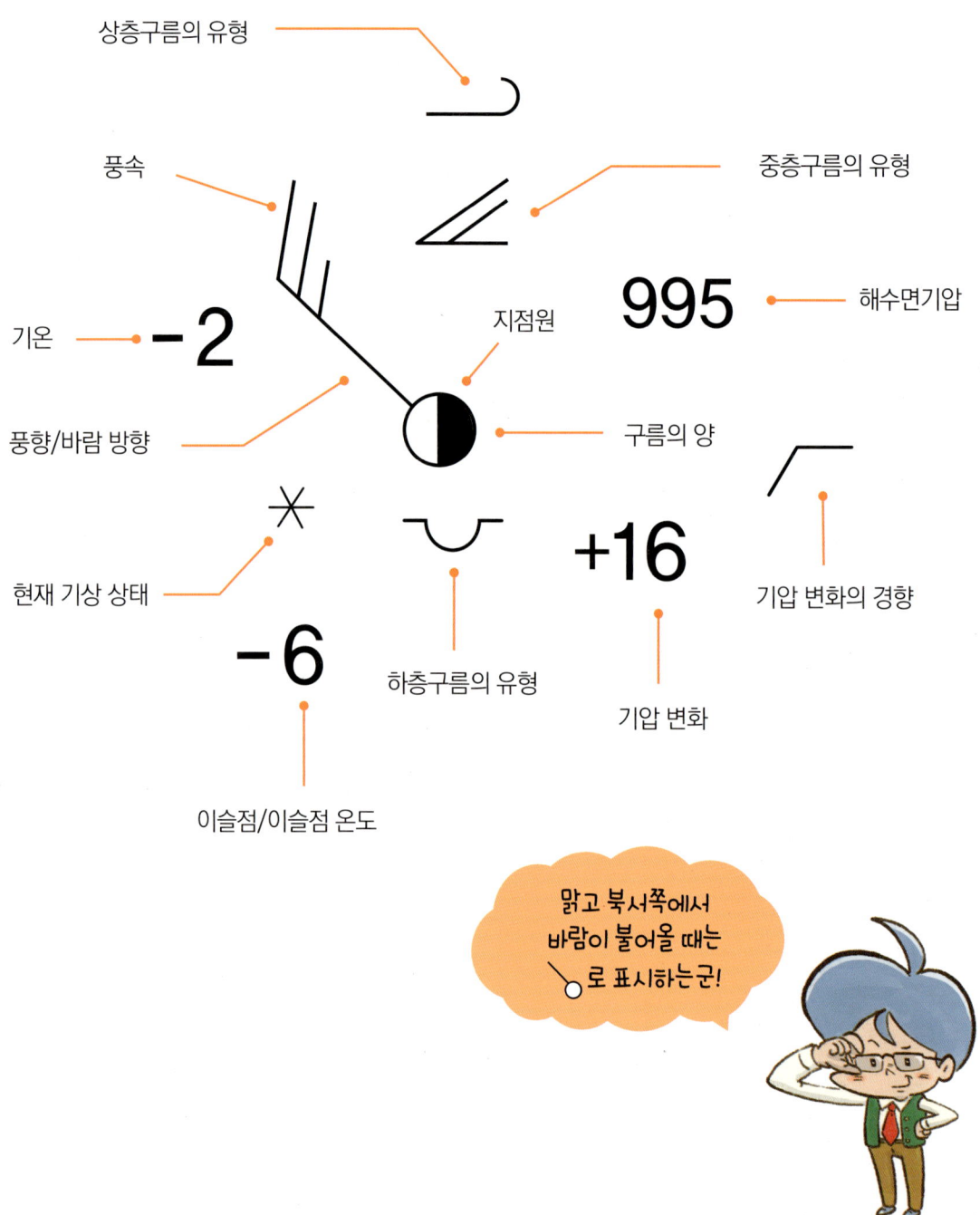

1단계 날씨기호

맑음, 흐림, 비, 눈, 안개 등의 기호가 있다.
구름이 없거나 하늘의 50%이하로 덮고 있는 상태가 「맑음」 이고, 60~80% 일 때 구름많음, 90%이상 덮고 있을때는 「흐림」으로 표시한다.

그냥 ○은 맑은 날씨네!

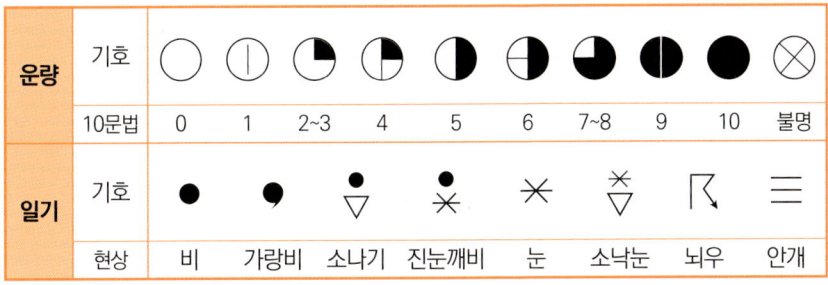

2단계 바람방향(풍향)

바람이 불어오는 방향. 풍향은 바람이 불어오는 방향으로 나타내며 보통 16방위를 사용한다. 이 바람 방향을 날씨기호 ○에서 나오는 직선으로 나타낸다. 전체 방향은 우측 그림 같이 16방향으로 나뉜다.

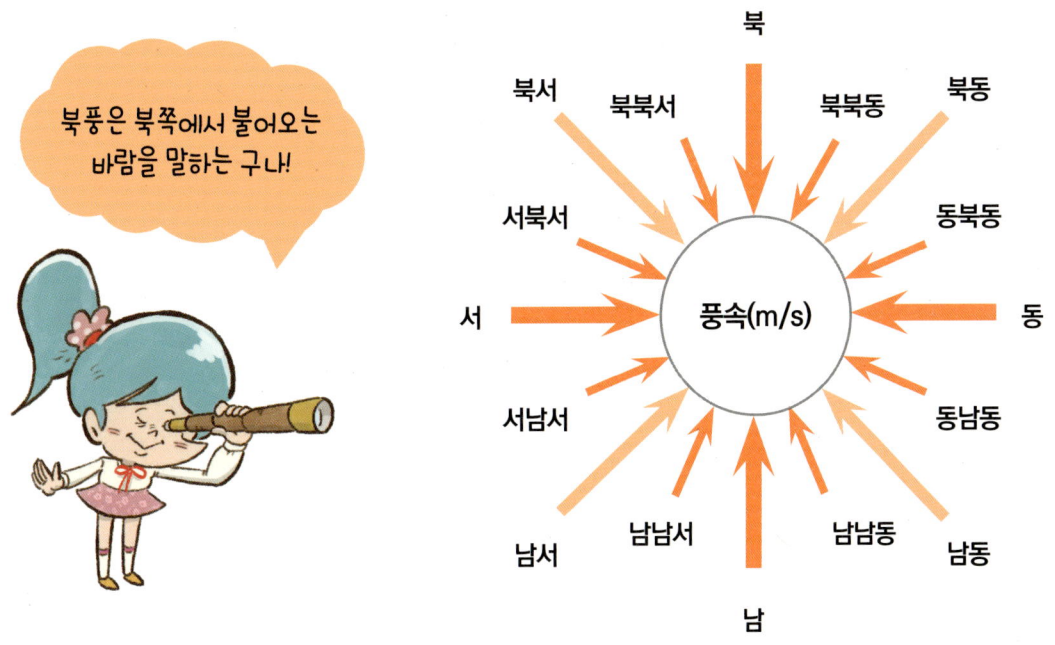

북풍은 북쪽에서 불어오는 바람을 말하는 구나!

🌼 일기도가 만들어지기까지

일기도를 만들어 일기예보를 발표하기 위해서는 세계 각지에서 같은 시간에 관측한 다음, 그 결과를 바로 모아야 합니다. 그러므로 관측하는 시각이나 데이터 교환 등에 대하여 국제적인 규칙이 있어서 세계 각국이 서로 협력해요.

1단계
국내 및 주변 각 나라의 기상관측 결과를 일기도에 기호로 기입합니다.

2단계
등압선 모습을 보고 기압이 높은 부분에 고기압을, 낮은 부분에 저기압을 기입합니다.

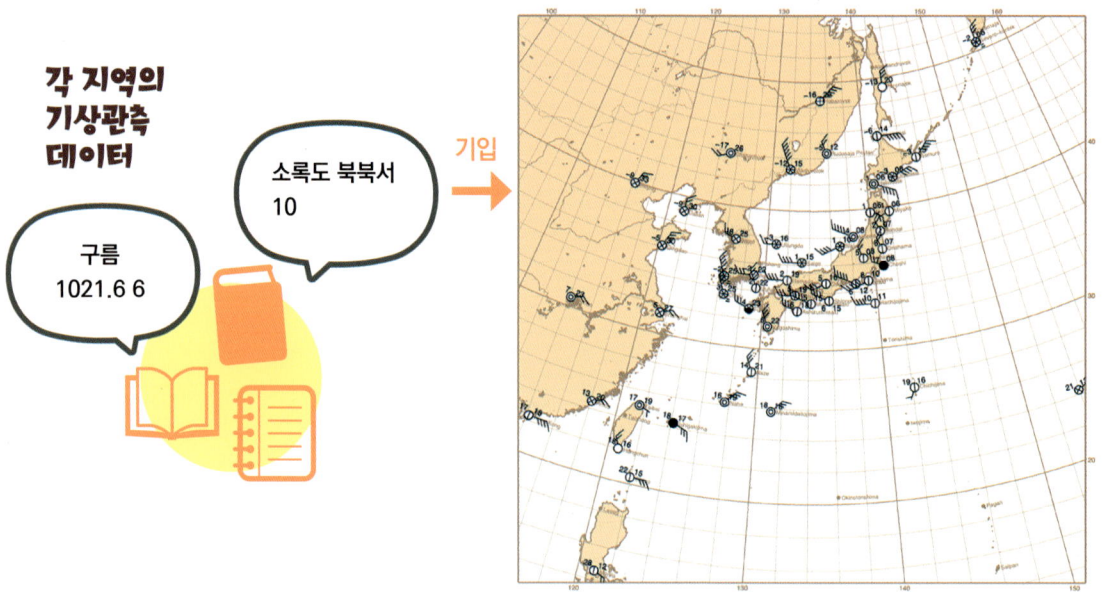

2022년 2월 16일 9시의 날씨기호를 기입한 일기도

출처: 도쿄학예대학

일기도 기호는 그 지점의 기온이나 기압, 바람뿐만 아니라 날씨 모습도 표시해요. 특히 기압 데이터는 등압선을 그려야 하기 때문에 매우 중요합니다. 등압선 모습에서 바람의 강도나 방향이 어느 정도 결정되기 때문에 바람 관측도 등압선을 그리기 위해서 참고로 해요. 전선을 경계로 기온이나 바람방향이 바뀌는 경우가 많기 때문에 전선을 그릴 때는 이웃한 관측점에서의 기온이나 바람방향 차이도 참고로 합니다.

> 등압선은 일기도 상에서 같은 기압들을 연결한 곡선이었네!

> 일기도가 있으면 고기압이나 저기압이 어떻게 움직이고, 내일 날씨가 어떤지 예보할 수 있는 거야!

3단계 어제의 일기도를 참고합니다.

어제 그린 일기도의 고기압이나 저기압, 전선 등이 이동해 오늘의 날씨가 됩니다. 어제 그린 일기도까지 참고해서 오늘의 일기도를 완성하는 것이죠.

오늘의 일기도

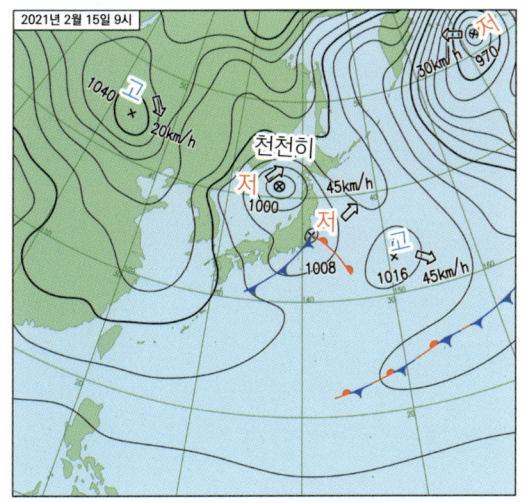 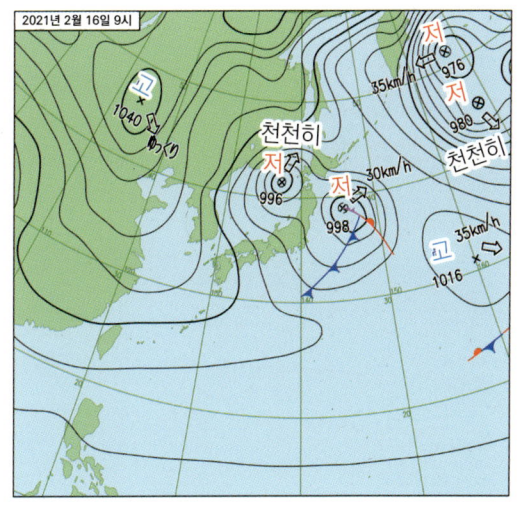

출처: 日기상청

> 일기도는 한 나라의 정보만 가지고 만드는 게 아니었네!

3 일기 예보에 대해 알아봐요!

날씨는 어떻게 예측할까?

컴퓨터로 전 세계의 대기 흐름과 상태를 예측해요!

날씨를 예보하려면 지상 근처뿐만 아니라 상공의 편서풍 상태 등도 잘 관찰해야 합니다. 이 때문에 지구를 둘러싼 대기를 수평방향과 상하방향의 박스 형태로 무수히 나눈 다음, 공기 움직임을 정하는 규칙을 이용해 박스 안의 기온이나 바람 등을 계속해서 컴퓨터로 계산해요. 그러기 위해서 먼저 박스 안의 현재 기온이나 바람에 관한 데이터를 수집할 필요가 있습니다. 지구가 둥글고 자전한다는 점, 공기에 작용하는 기압의 힘 등이 주는 영향, 태양으로부터 오는 에너지가 북극과 적도 부근에서 다르다는 점, 해수면이나 지표면과의 열 이동 상황 등을 컴퓨터상에서 방정식을 통해 계산해요. 세세하게 나눈 박스보다 더 작은 구름이나 작은 소용돌이의 영향을 반영하려는 연구도 진행 중입니다.

현재의 대기상황을 알기 위해서는?

일기를 예측하기 위해서는 먼저 현재의 대기상황을 파악할 필요가 있습니다. 다양한 관측 데이터를 전 세계에서 모은 다음, 그것을 바탕으로 지구를 둘러싼 대기를 세세하게 나눈 박스 안의 기온과 바람 등의 값을 정해 나가요.

하늘의 대기에는 국경이 없습니다. 1주일 뒤의 한국 날씨를 알려면 유럽의 대기상황도 알아둘 필요가 있어요. 그래서 전 세계의 기상관측 데이터를 서로 교환하면서 각국의 일기예보에 이용하고 있습니다. 그러나 전쟁 등의 영향으로 이런 관측 데이터를 교환하지 못하는 경우도 가끔 있어요.

> 기상정보는 비행기가 날아다닐 때도 필요한 정보라고!

옛날보다 잘 맞는 예보

컴퓨터를 이용한 기상예보는 일기예보는 물론이고 태풍의 진로예측에도 사용되는데요. 현재는 30년 전의 다음날 예보와 비슷한 정확도로 3일 뒤를 예보할 수 있을 만큼 기술이 발전했습니다.

슈퍼컴퓨터를 사용해 정확도 높은 모델로 계산이 가능할 뿐만 아니라 기상위성 등을 통한 관측기술의 발전 덕분이에요. 관측결과를 바탕으로 지금의 대기상황을 파악하는 기술의 발전도 정확도 향상에 큰 도움이 되고 있습니다.

> 컴퓨터의 발전과 더불어 예보도 더 정확해지고 있지!

🌼 수치를 사용한 일기예보의 시작

공을 던져보면 그 공이 어떻게 날아가고, 몇 초 뒤에 땅에 떨어질지 예측할 수 있습니다. 이 예측을 위해서는 지구의 중력이 공에 영향을 끼쳐 아래로 떨어지게 하는 힘이 작용한다는 법칙을 알아야 하고, 최초의 공 위치와 속도를 알아 둘 필요가 있지요. 그래서 아직 컴퓨터가 없었던 20세기 초부터 과학자들은 연구하기 시작했습니다.

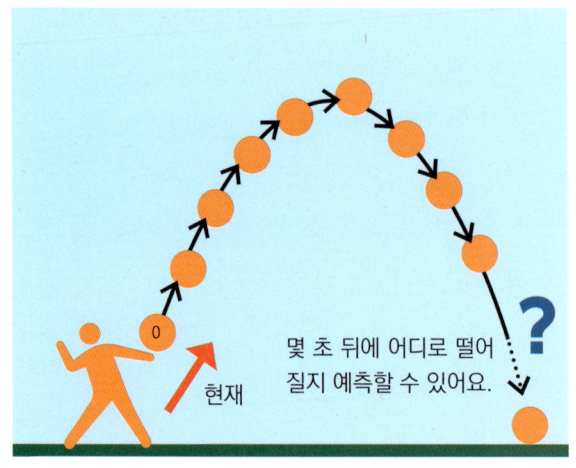

노르웨이 기상학자
빌헬름 비야르크네스(Vilhelm Friman Koren Bjerknes)

"공이 날아가는 것을 예측하는 것처럼 날씨를 예측할 수는 없을까?"

날씨 변화를 결정하는 자연법칙을 파악하고 지금의 대기상태를 알면 공을 예측하듯이 날씨를 예측할 수 있지 않을까 하고 생각했습니다.

영국 기상학자이자 수학자
루이스 프라이 리처드슨(Lewis Fry Richardson)

하지만 내일날씨를 예보하는 계산이 1년이나 걸려서는 아무런 쓸모가 없습니다.

"데이터를 사용해 계산해 보고 싶지만, 너무 방대한 계산이라 64,000명이라는 엄청난 사람이 필요할 지도 몰라."

🌼 컴퓨터가 등장하면서 비로소 일기예보가 가능해졌어요!

20세기 초에 리처드슨이 생각했던, 64,000명의 계산원을 한 장소에 모아 놓고 일기예보 계산을 해보고 싶어 하던 꿈은 컴퓨터의 등장으로 현실화되었어요. 제2차 세계대전 후에 미국에서 컴퓨터가 발명되고, 그것을 사회적으로 응용할 프로젝트로서 일기예보가 선정되면서 멋지게 성공한 것입니다.

미국 기상청의 슈퍼컴퓨터 계산속도 발전

1959년에 도입된 최초 연산속도를 1로 가정하고, 그것이 그 뒤 몇 배로 향상되었는지를 나타낸 그래프입니다.

출처: 日기상청

우리나라는 1988년 한국과학기술원(KIST) 산하 시스템공학연구소가 슈퍼컴퓨터를 도입하면서 3차원한반도 지형제작, 당시 중앙기상대의 일기예보 등에 활용되었고, 2000년에 기상청에 기상업무 전용의 슈퍼컴퓨터 1호기가 도입된 이후 현재 2021년 도입된 슈퍼컴퓨터5호기를 운영 중이다. 계산속도가 빨라지면 질수록 지구를 둘러싼 대기를 파악하는 박스 크기를 작게 나눌 수 있다. 대기현상은 다양한 크기로 나타나기 때문에 이 박스를 작게 나누면 더 작은 현상도 계산할 수 있다. 나아가 산이나 해안선, 섬 형태도 더 실제에 가까운 형태로 인식할 수 있어서 일기예보 정확도도 높아진다.

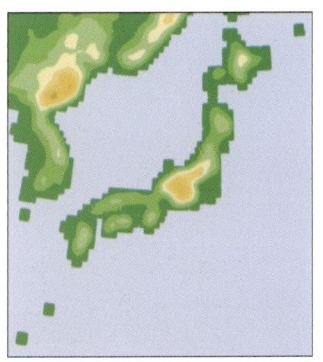

40km까지 식별된 지형과 표고

2km까지 식별된 지형과 표고

예를 들면 10km까지 식별할 수 있는 모델을 절반인 5km로 높여서 높이 방향을 반으로 세분화하면 박스 수는 $2 \times 2 \times 2 = 8$배가 된다. 나아가 그때까지 6분 간격으로 계산했던 것을 3분 간격으로 계산해야 하기 때문에, 계산양은 전부 해서 16배로 늘어난다. 때문에 성능이 16배 뛰어난 계산기를 사용해야 10km에서 5km로 식별능력을 높일 수 있는 것이다.

이미지: 日기상청

3 일기 예보에 대해 알아봐요!

무엇을 사용해 관측하지?

기상위성 천리안
24시간 한반도를 관찰할 수 있는 정지 기상위성.

지상관측장비
지역에서 비의 양 등을 관측한 다음, 그 결과를 바로 모으는 시스템.

기상 레이더
안테나에서 전파를 쏘아 비나 눈 입자에 반사되는 현상을 이용해 비의 강도를 관측합니다.

남극 장보고 과학기지

남극 과학 기지
가혹한 기상조건을 보이는 남극대륙에서 여러 나라들이 지상기상관측, 고층기상관측, 오존층 등을 관측하고 있어요. 여기서 관측한 결과로 오존 구멍(Ozone Hole)이 발견되었습니다.

라디오존데
상공의 기온이나 바람, 습도 등을 관측하는 대기 측정기계. 기구에 달아서 떠올립니다.

해양기상관측선
관측지점이 부족한 바다 위에서 기상을 관측하는 배.

「천리안」이나 「지상관측장비」 등과 같은 장치들이 데이터를 전송

일기예보나 기상학에 있어서 관측은 가장 기초적인 작업입니다. 근대과학의 발전과 함께 온도계나 기압계 등과 같은 관측기술이 발명되었는데요. 20세기 후반에는 레이더 관측이나 위성관측 등과 같이 전파를 이용한 원격감지(Remote Sensing)관측이 크게 발전했습니다. 또 지상에서도 기계가 자동적으로 관측해 데이터를 보내는 기술이 개발되면서 관측지점의 수가 순식간에 확대되었어요.

🌟 기상위성의 활동

기상위성은 지구의 전자파를 사용해 대기 등을 관측하는 인공위성이에요. 기상위성 덕분에 관측지점이 부족한 바다 위의 바람이나 기온, 습도 등을 파악할 수 있습니다. 기상위성에는 「천리안 위성」처럼 지구와 같은 속도로 자전하면서 같은 면만 계속해서 관측하는 정지궤도위성과 지구의 남극과 북극을 2시간에 한 바퀴씩 도는 극궤도위성이 있습니다.

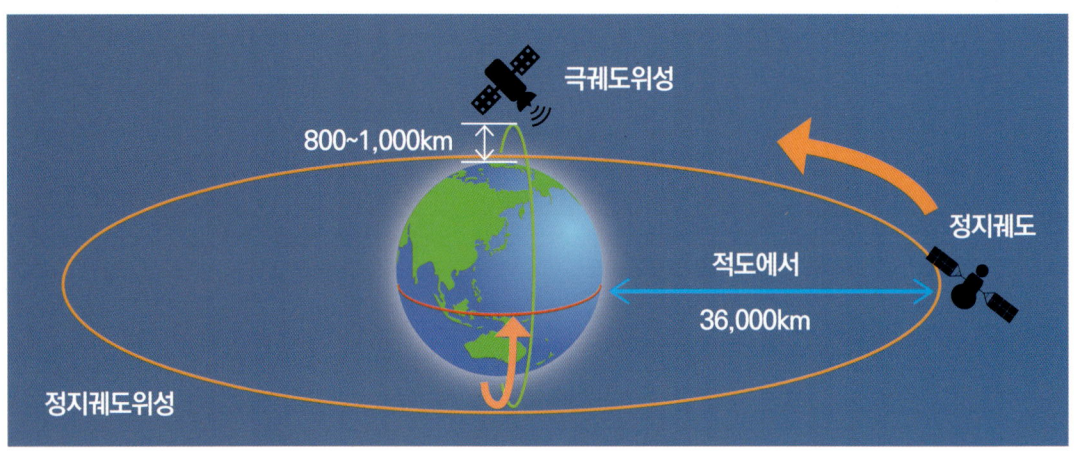

🌟 정지해 있지 않은 정지궤도 기상위성

정지궤도 기상위성이라는 이름을 갖고 있지만, 정지해 있는 것이 아니라 적도상공 36,000km를 지구의 자전과 함께 지구를 거의 하루에 1바퀴씩 도는 것입니다. 그렇게 돌면서 항상 적도의 같은 장소를 위쪽에서 관측하는 위성이에요. 정지궤도 기상위성은 우리나라 외에도 유럽이나 미국 등이 쏘아올리고 있기 때문에 각국의 협력을 바탕으로 지구 전체를 관측할 수 있어요. 한국의 「천리안 위성」은 1년 동안 주야간 상관없이 한반도를 관측합니다. 또 태풍을 둘러싼 구름 모습을 관측해 태풍 위치나 강도를 분석한 다음, 그것을 태풍예보나 태풍정보로 사용해요.

🌟 세로로 도는 극궤도위성

위 그림처럼 극궤도위성은 상공 800~1,000km를 세로로 도는 위성이에요. 도는 동안에 지구가 자전하기 때문에 지구를 구석구석 관찰할 수 있어요. 정지궤도 기상위성보다 가까운 위치에서 지구를 관측할 수 있다는 점이 장점이지요. 이 위성을 통해 상공의 대기 기온이나 수증기량 등과 같은 정보도 얻을 수 있는데, 특히 고층 관측이 적은 바다 위나 열대·남반구에서는 매우 중요한 관측 수단입니다.

🌟 한반도를 관측하는 기상위성 「천리안」

한반도를 24시간 관측하는 기상위성 천리안. 현재는 「천리안 2A호」와 「천리안 2B호」 2개가 사용되고 있어요. 한 쪽이 고장 나도 다른 한 쪽이 관측할 수 있답니다. 낮이든 밤이든 언제나 기상정보를 보내와요.

현재 한국을 관측하고 있는 천리안 2A호.

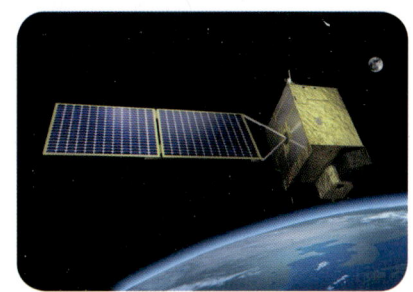

현재 한국을 관측하고 있는 천리안 2B호.

적외선 카메라가 촬영한 지구의 모습

이미지: 日기상청

천리안 기상위성이 24시간 관측하기 때문에 정보량도 많아서 일기예보에 많은 도움이 되고 있지!

천리안 위성이 한반도 주변의 구름 사진을 2분 간격으로 촬영해 지상국으로 보내면, 기상예보관이 자료를 분석해 날씨를 예보합니다. 천리안은 무슨 뜻일까요? '천리 밖의 먼 곳을 보는 눈'이란 뜻인데요. 이처럼 뛰어난 관측능력으로 한반도의 기상변화를 빠르고 정확하게 탐지하라는 의미로 '천리안'이라는 이름을 붙였다고 합니다.

◎ 전파를 사용해 비를 관측하는 「기상 레이더」

기상 레이더는 안테나에서 전파를 발사하고, 그 전파가 비나 눈 입자에 반사되어 돌아오는 모습을 통해 비의 강도나 비 입자의 움직임을 관측하는 장치예요.

안테나를 회전시키면서 관측하기 때문에 산이나 탑 위에 설치한 레이더를 중심으로 장해물이 없으면 반경 몇 백km까지 구석구석 관측할 수 있습니다.

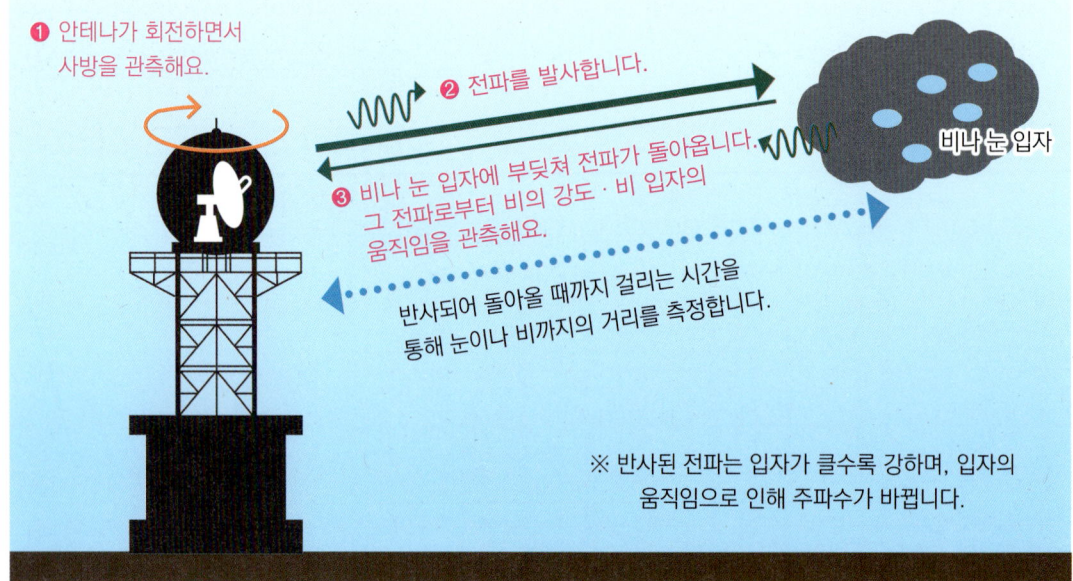

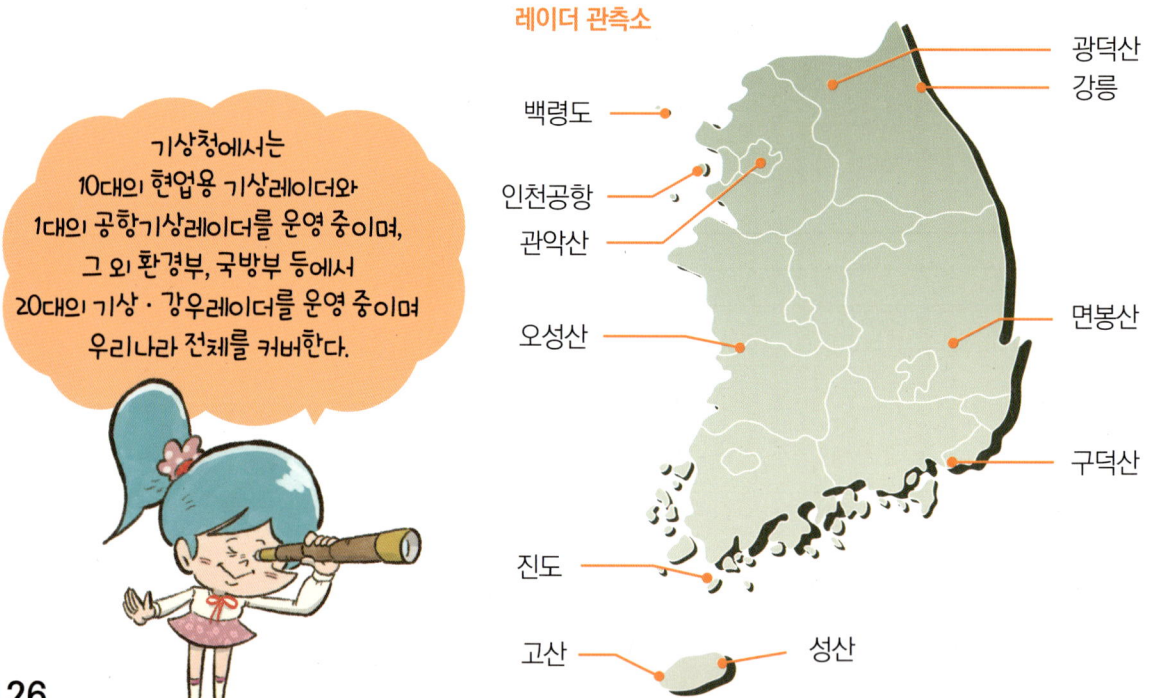

한국에도 있는 기상레이더

1969년 관악산 정상에 우리나라 최초의 기상레이더가 설치되었고, 이 후 두 차례 노후 레이더 교체를 거쳐 50년 이상 기상관측을 수행하고 있다. 서울·경기 등 수도권을 집중 관측하기 위해 설치된 관악산 기상레이더는 보통 반경 240㎞를 관측하는데, 최고 480㎞까지 관측이 가능해 부산의 기상현상까지 관측이 가능하다.

바람을 관측하는데 도움을 주는 「도플러 효과」

기차의 경적이나 구급차의 사이렌이 내 쪽으로 다가올 때는 소리가 높게 들리고, 멀어질 때는 소리가 낮게 들립니다. 바로 **도플러 효과**(Doppler effect) 때문인데요. 소리가 높다는 것은 주파수가 높고, 소리가 낮다는 것은 주파수가 낮다는 의미입니다. 마찬가지로 레이더를 향해 부는 바람에서는 높은 주파수의 전파가, 멀어져가는 바람에서는 낮은 주파수의 전파가 돌아와요. 이렇게 수신하는 주파수의 변화를 이용해 바람을 관측할 수 있습니다.

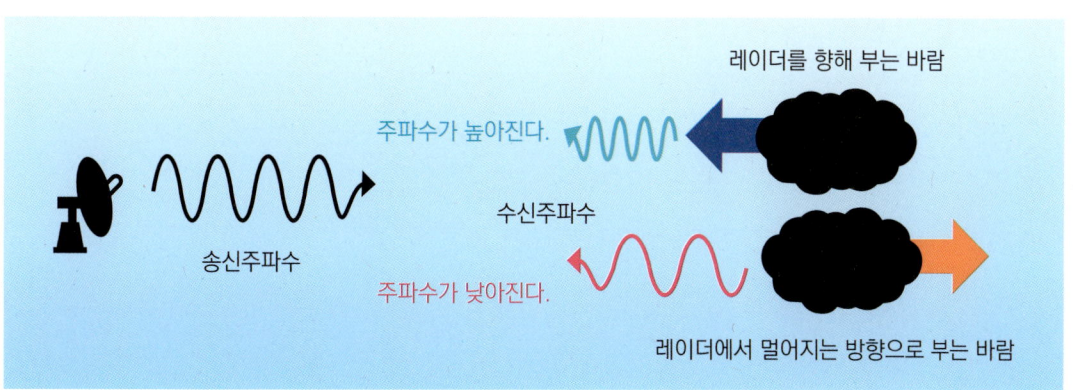

AWS와 레이더의 접목기술

AWS(Automatic Weather System, 자동기상관측장비)는 우리나라 전국 510여개가 설치 운영 중이며 강수량, 바람, 기온 등을 관측한다. 기상청 외에 지자체 등에서 운영 중인 강수량 관측 데이터도 기상청으로 모인다.

이 강수량 관측 데이터와 레이더 관측 데이터를 조합하면 정확도가 높은 강수량 데이터를 사방 1km 단위로 분석할 수 있다. 이것이 분석 강수량이다. 강수량 데이터는 여러 가지 호우피해 위험성을 평가할 때 사용하는 데이터 가운데 가장 중요한 데이터이다. 경보 등을 발표하는 기준으로도 사용된다.

레이더 관측 데이터

레이더를 이용한 1시간 누계 수치. 면 상태로 주변의 강수량을 파악할 수 있다.

AWS 강수량 관측 데이터

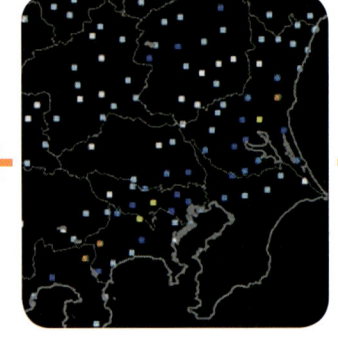

AWS의 1시간 강수량. 그 지점의 정확한 강수량을 파악할 수 있다.

분석 강수량

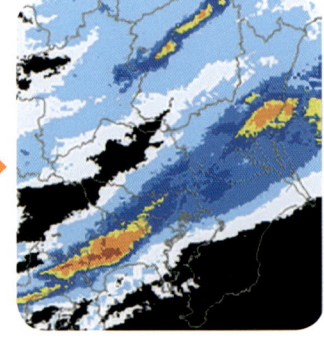

레이더 관측 데이터와 아메다스 강수량 관측 데이터를 조합해 면 상태로 정확한 강수량을 파악할 수 있다.

이미지: 日기상청

왜 AWS라고 부르지?

Automatic **W**eather **S**ystem
자동기상관측장비

Automated **S**urface **O**bserving **S**ystem
자동지상기상관측장비

단어들에서 머리글자를 딴 말이었구나!

⚙ AWS 정보를 이용해 보자.

기상청 홈페이지에서는 AWS를 사용한 1분 단위의 관측결과를 볼 수 있다. 쉽게 내리지 않는 호우가 내릴 때 뜨는 정보이므로 호우에 대해 특별한 주의를 기울여야 한다.

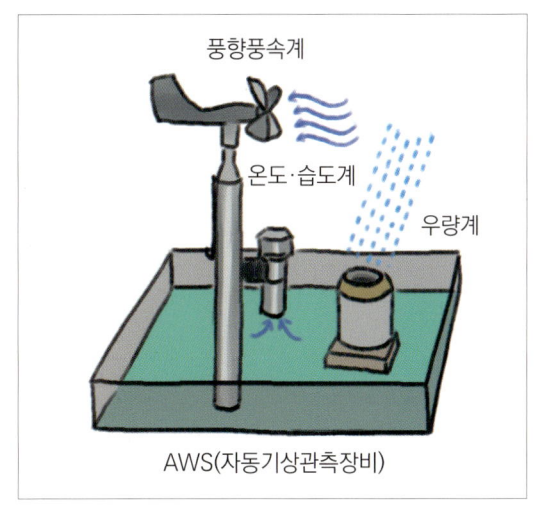

AWS(자동기상관측장비)

⚙ 상공의 기상관측은?

날씨를 예보하기 위해서는 상공의 기상관측도 필요해요. 공기보다 가벼운 수소를 채운 큰 풍선에 관측 장치(라디오존데)를 매단 다음, 하늘 높이 올려서 관측합니다. 일정한 시각의 전 세계 관측 결과를 바탕으로 일기도를 만들기 위해서, 전 세계적으로 같은 시간(세계표준시 00UTC나 12UTC, 한국 시간으로는 아침 9시와 저녁 9시)에 관측하도록 정해져 있어요. 기구는 관측하기 30분 전에 띄워야 하므로, 혹시 내가 사는 근처에 고층 관측소가 있다면 아침 8시 30분쯤에 기구가 올라가는 모습을 볼 수 있을지도 모릅니다.

고층관측장비(라디오존데)를 띄우는 모습

이미지: 日기상청

129

농사나 어업 등에도 중요한 일기예보

아침에 우산을 갖고 나가야 할지, 옷은 긴소매가 좋을지 짧은 소매가 좋을지, 빨래를 밖에서 말려도 될지 어떨지 등등을 결정할 때 대부분은 일기예보를 참고합니다. 날씨는 하루하루의 생활과 밀접하게 관련되었을 뿐만 아니라 여러 가지 일에도 큰 영향을 끼치지요. 예를 들어 식물이 자라는데 햇빛이나 물, 온도 같은 환경은 직접적인 영향을 주기 때문에 농사에서 일기예보는 매우 중요합니다.

일기예보 중에서 많이 사용되는 것은 「비나 눈이 내릴 확률(강수확률)」입니다.

🌟 비나 눈이 내릴 확률을 나타내는 「강수확률」

TV의 일기예보를 보면 「오늘 12시부터 18시까지 비가 내릴 확률(강수확률)은 20%입니다」라는 식으로 말해요. 이것은 똑같은 예보가 100번 발표되었을 때, 그중 20번은 비가 온다는 의미입니다. 비가 반드시 올 것으로 예상된다면 강수확률은 100%로 예보되죠.

40%라는 예보를 들으면 우산을 갖고 나가야 할지 말지를 고민하게 될지도 모릅니다. 10번에 4번은 비가 온다는 뜻이므로 접이식 우산을 갖고 나가는 것이 좋은 판단일지도 모르겠군요.

🌟 강수확률은 비의 강도를 나타내는 것이 아니에요!

강수확률이 100%라고 해서 20%라고 할 때보다 더 강한 비가 내리느냐면 반드시 그런 것만은 아닙니다. 여름철에 소나기가 내릴 때는 20% 강수확률이라도 폭우 같은 비가 내리는 경우도 있어요.

같은 지역이라도 산이 많은 곳과 평야지역은 날씨가 다를 수 있지. 같은 "군"에 있다고 해도 "면"마다 일기예보가 다를 수 있다는 사실!

일기예보에서 알 수 있는 것

기온 예보

일기예보에는 맑다든가 비가 내린다든가 하는 날씨뿐만 아니라 기온, 비나 바람의 강도 등의 정보도 있어요.

기온은 하루 동안에도 많이 변합니다. 기온은 새벽녘에는 낮고 해가 떠오를 때부터 점차 올라가요. 태양빛이 가장 강할 때는 점심 무렵이지만 지면이나 그 근처의 공기가 따뜻해지려면 좀 더 시간이 걸리기 때문에, 기온은 정오를 지나서 가장 높을 때가 많습니다. 컴퓨터는 일사량 같은 것까지 고려해서 계산하므로 기온이 바뀌는 모습도 예측해 내지요. 그래서 예보차원에서 최저기온과 최고기온을 기상 관측하는 지점을 대상으로 발표합니다. 하지만 이것뿐이라면 해질녘부터 밤에 귀가할 때까지의 기온을 알 수 없으므로 시간대 별 예보를 통해 해질녘이나 밤 기온까지 알 수 있도록 발표합니다.

바람 강도

바람의 강도는 풍속(m/s)으로 나타내요. 예를 들어 초속 10m인 바람은 1초 동안에 공기가 10m를 움직인다는 뜻입니다. 1분 동안에는 그 60배인 600m, 1시간에는 그 60배인 36,000m를 움직여요. 36,000m면 36km이므로 1시간에 36km, 즉 시속 36km의 속도로 움직이는 것인데요, 이것은 시내에서 달리는 자동차 속도와 비슷합니다. 4m 이상·9m 미만의 바람이 불 것으로 예상될 때 일기예보에서는 약간 강한 바람이 분다고 표현합니다. 9m 이상·14m 미만의 풍속을 강한 바람, 그것보다 더 센 바람일 때는 매우 강한 바람이라고 표현합니다.

매우 강한 바람은 시속 100km(고속도로를 달리는 자동차와 비슷한 속도)로 움직이는 바람이기 때문에, 바람에 의한 피해가 발생할 수도 있어요.

바람(풍속) 표현

표현 용어	바람 강도	비교
약간 강한 바람	바람의 세기가 4~9m/s미만	-
강한 바람	바람의 세기가 9~14m/s미만	* 강풍특보 기준 - 주의보: 14m/s이상 　　　또는 순간 20m/s이상 - 경보: 21m/s이상 　　　또는 순간 26m/s이상
매우 강한 바람	바람의 세기가 특보 수준에 도달 될 것으로 예상 되거나 그 이상일 경우	

「강한 바람」이라도 우산을 쓰지 못할 정도로 강도가 있는 바람이야!

「강풍 특보」가 내려졌다면 외출하면 안 돼!

🌼 강우 강도

　강우량이란 하늘에서 내린 비가 어떤 곳으로도 흐르지 않고 그대로 그 장소에 고였을 때의 물 깊이를 말해요. 강우량이 50mm라고 한다면 물 깊이가 50mm, 즉 5cm 깊이라는 뜻입니다. 비의 강도는 1시간에 내린 비의 양으로 나타내요. 1시간 강우량이 1mm 이상·3mm 미만을 약한 비, 3mm 이상·15mm 미만을 보통 비, 15mm 이상·30mm 미만을 강한 비, 30mm 이상을 매우 강한 비라고 규정하며, 날씨를 예보할 때도 이런 표현을 사용합니다. 예를 들어 강한 비라고 하면 장대비 같은 이미지여서, 우산을 써도 젖을 수 있는 상황이에요.

* 호우특보 기준
- 주의보 : 3시간 누적 강수량이 60mm이상 예상되거나 12시간 누적강수량이 110mm이상 예상될때
- 경보 : 3시간 누적 강수량이 90mm이상 예상되거나 12시간 누적강수량이 180mm이상 예상될때

구분	1시간 당 강우량(mm)	강우 강도에 의해 발생하는 영향
보통 비	3 이상 ~ 15 미만	쫘악하고 내리며, 지표면에서 튄 물로 인해 발밑이 젖고, **지표면에 파인 곳이 있으면 물웅덩이가 생긴다.**
강한 비	15 이상 ~ 30 미만	**우산을 쓰고 있어도 젖는 상태** 자동차 와이퍼를 빠르게 둬도 보기가 힘들다.
매우 강한 비	30 이상 ~ 50 미만	**양동이를 뒤집어엎은 것처럼 내리는 상태** 차 브레이크가 잘 듣지 않는다.
매우 격렬한 비	50 이상 ~ 80 미만	우산이 전혀 도움이 안 되며, **폭포 같이 내린다.** 시야가 나빠진다.
맹렬한 비	80 이상 ~	빗속을 걸으면 **숨쉬기 어려운 정도의 압박감을 느낀다.** 차 운전이 위험하다.

🌟 강설량 예보

비 1mm의 물이 눈으로 내린다면? 눈으로는 1cm(10mm)가 쌓이면서 깊이가 10배 정도로 깊어져요. 눈은 푹신한 이미지 그대로 공기에 둘러 쌓여있기 때문에 비보다 부피가 훨씬 크거든요. 이 부피는 기온이 낮을수록 커집니다. 눈이 쌓이는 건 도로나 철도, 비행기 등과 같은 교통수단에 더 큰 영향을 끼쳐요. 특히 짧은 시간에 갑자기 많은 눈이 내리면 제설을 제때 하기가 쉽지 않아 운행을 멈추기도 하죠. 사전에 제설제를 뿌려 놓는다거나, 밤에 제설인력을 대기시키는 등, 눈이 온다는 예보를 바탕으로 다양한 대책을 세워야 해요.

「강한 비」 정도면 대화하기가 힘들 정도야!

지표면에서 물이 튀어 발밑이 젖어요.

말소리가 잘 안 들린다.

와이퍼를 빨리 작동해도 보기가 힘들다.

고속행을 하면 땅 사이에 물이 생겨 플레이키가 먹히지 않게 된다.

지표면 한 쪽으로 물웅덩이가 생긴다.

우산을 써도 젖는다.

도로가 강처럼 바뀐다

자고 있다가 빗소리에 눈이 떠질 때는 「강한 비」 이상으로 강한 비가 내리는 경우가 많지!

우산을 써도 소용없다.

자고 있어도 비가 오는 걸 알 수 있다.

물보라로 한 쪽 면이 하얗게 되고, 시야가 나빠진다.

차 운전은 위험

135

황사처럼 바람을 타고 이동하는 것도 예보할 수 있어요!

미세한 모래입자 같은 것들은 하늘로 한 번 올라가면 좀처럼 떨어지지 않고 바람을 타고 멀리까지 날아가는데요. 아래 그림은 중국과 몽골 오지에서 폭풍으로 인해 하늘로 올라간 모래(황사)가 우리나라를 향해 이동하는 모습을 예보한 것입니다. 노란색이나 빨간색은 지표면 부근의 황사 농도로서, 붉을수록 황사가 많다는 것을 나타내지요. 이 그림에서 대륙으로부터 황사가 흘러오는 모습도 파악할 수 있습니다.

황사예보

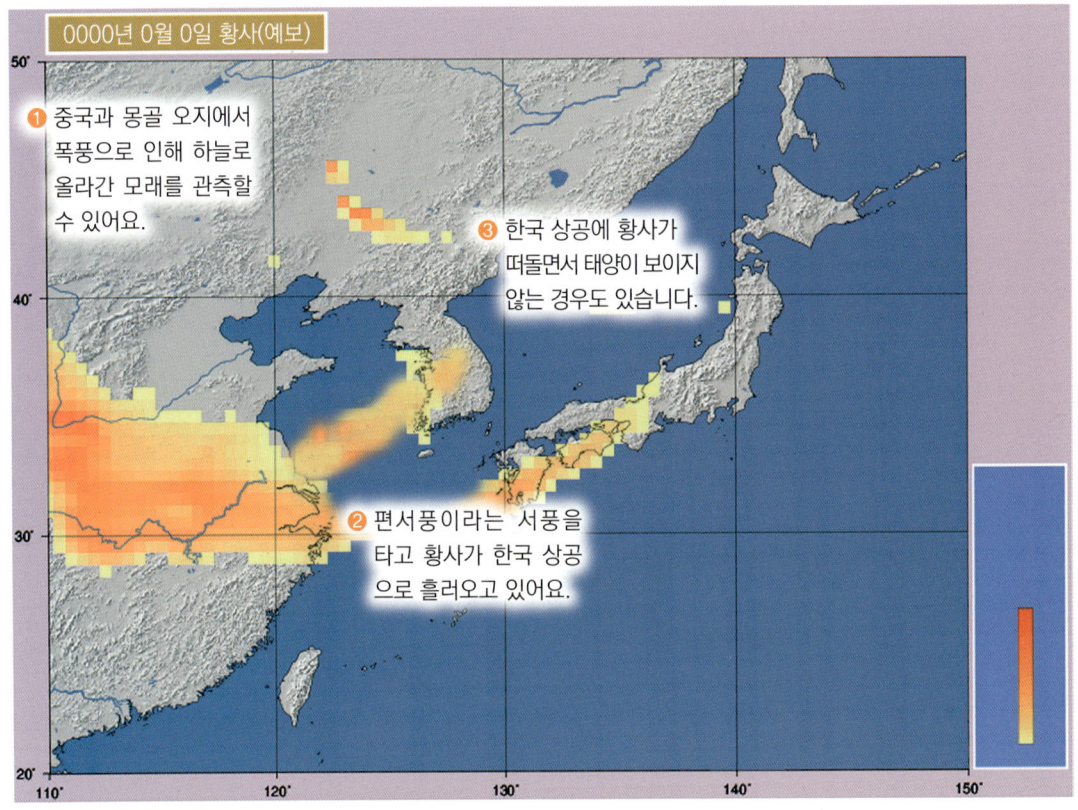

출처: 日기상청

한국 상공에 편서풍이 불고 있다는 사실은 황사를 통해서도 알 수 있지!

🌸 기상청 날씨누리 www.weather.go.kr에서 바다예측-해구별 예측과 지진, 화산, 항공기상 정보를 알 수 있어요!

바다에서의 바람, 파고(물결의 높이) 예측정보, 여름철에는 해수욕장예보를 통해서 파고 뿐만아니라 갑자기 바다쪽으로 흘러나가는 이안류 정보도 발표해요. 또한, 지진정보와 공항 날씨도 알 수 있어요. 그 외에 기상청 날씨누리(www.weather.go.kr)에 들어오시면 위성영상, 레이더 영상, 일기도, 계절관측(봄꽃 개화, 단풍현황) 등 다양한 기상자료를 확인할 수 있습니다.

날씨알리미 앱을 설치하시면 휴대폰을 통해 위험기상정보를 바로 통보 받을 수 있고, 각종 기상정보를 실시간으로 확인할 수 있습니다.

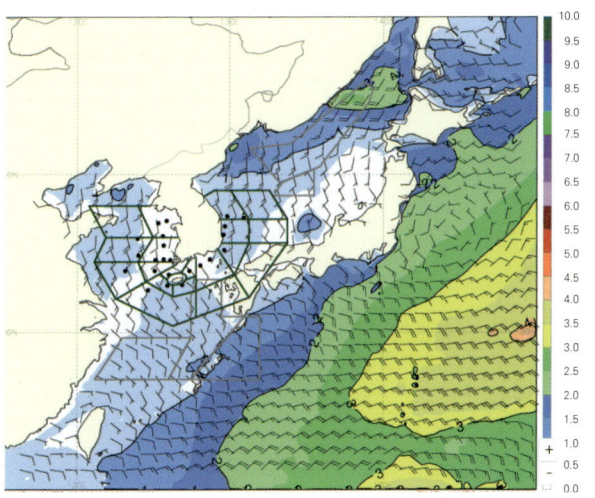

기상청이 제공하는
실시간 날씨정보

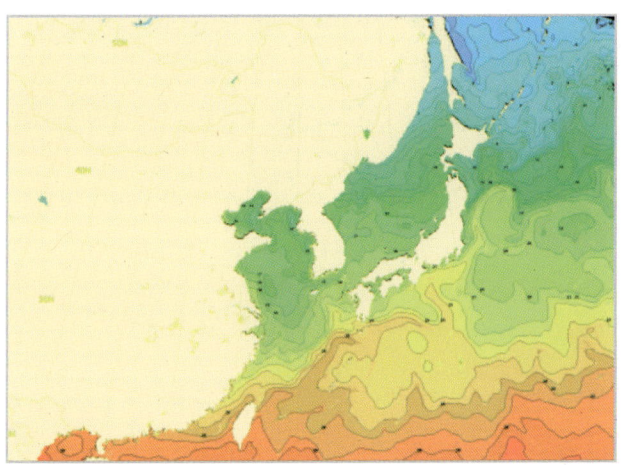

이미지: 기상청 날씨누리 웹사이트

이밖에도 기상청에서는 파도 높이나 해수면 높이, 자외선양 같은 다양한 정보를 발표하고 있어!

3 일기 예보에 대해 알아봐요!

일기예보는 어디까지 예측할 수 있을까?

날짜가 멀수록 정확도는 떨어지지만, 10일 정도는 날마다 예보 가능해요!

일기예보는 내일 일기예보보다는 모레 일기예보가, 또 글피보다는 그 다음 날로 갈수록 정확도는 떨어져요. 하지만 관측 기술이 발전하고 예측 기술이 좋아지면서, 30년 전의 내일 일기예보와 비슷한 수준의 정확도로 3일 후의 일기예보가 가능해졌습니다.

🌼 음악의 합창 같은 「앙상블 예보」

처음에는 약간의 오차에 불과하지만 예측한 현상이 진행되면서 더 큰 오차가 생긴다는 사실은 이론적으로도 밝혀진 상태입니다. 그런 가운데서도 사용할 수 있는 정보를 끌어내기 위해 사용하는 방법이 앙상블 예보예요.

태풍 진로를 추정하는 예보에도 이 방법이 사용됩니다. 옆의 그림에서 보듯이 각각의 진로예보는 완전히 다르게 보이지만, 일부가 아니라 전체를 묶어서 보면 오차도 줄어들고 또 오차가 어느 정도나 되는지도 파악할 수 있답니다.

다양한 분석방법을 사용한 정보가 기입된 일기도

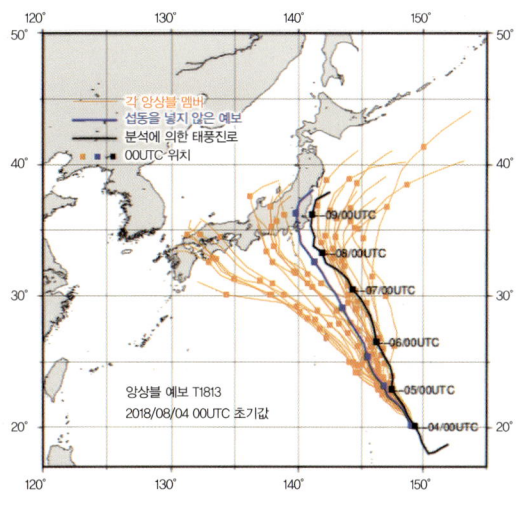

출처: 日기상청

🌼 아주 길게 예보하는 「계절예보」

2주 이상 길게 예보할 때, 앞에서도 언급했듯이 하루하루의 날씨를 예보하기는 어렵습니다. 그래서 1주일 동안을 묶어서 또는 1개월을 묶는 식으로, 오랜 기간의 날씨 동향을 앙상블 예보로 발표합니다. 이런 예보는 일기예보가 아니라 계절예보라고 불러요. 계절예보는 엘니뇨(El Niño)나 라니냐(La Niña) 같은 바다 예보와 조합함으로써 올해 여름이 더울지 어떨지에 대한 예보 정확도를 높이고 있습니다.

기상을 예측할 때는 정보를 수집하는 방법이나 분석하는 방법이 아주 많아!

용어해설

앙상블 예보

많은 사람이 합창을 하거나 여러 악기를 사용해 조화를 이루듯이, 예측계산을 많이 사용한 다음 그 결과를 정리해서 정보는 내놓는 것. 각 개인은 조금 부족해도 다 같이 합창, 합주 하면 좋은 소리로 들리는 것과 같은 원리랍니다.

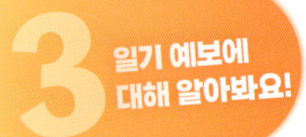

자연재해 우려를 알려주는 주의보와 경보

경계가 더 필요한 것이 「경보」

경보는 심각한 피해가 일어날 우려가 있을 때 발표되고, 주의보는 그보다는 덜한 피해가 예상될 때 발표돼요. 경보 쪽이 더 위험한 상태입니다. 예를 들어 기상청은 비가 어느 정도 내렸을 때 어떤 피해가 발생할지를 조사한 다음에 주의보나 경보 기준을 결정하죠. 그 기준을 넘어설 것으로 예상될 때는 주의보나 경보를 발표해 주민이나 공공기관이 피해에 대비할 수 있도록 주의를 환기시킵니다.

🟡 위험도 분석을 사용해 보자.

평소에 홍수위험정보시스템(https://floodmap.go.kr)의 도시침수지도, 하천범람지도 등을 통해 확인 하는 것도 중요해요. 홍수위험지도는 하천제방의 설계빈도를 초과하는 홍수가 발생하여 제방붕괴, 제방월류 등 극한의 상황이 발생한다는 가정하에 하천 주변지역의 침수범위, 침수깊이를 나타낸 지도입니다.

0.5m 이하는 노란색, 0.5~1m는 연두색, 1~2m는 하늘색, 2~5m는 보라색, 5m 이상은 빨간색으로 5가지 색으로 표시된다.

지도 위에 피해 위험도를 5가지 색으로 표시!

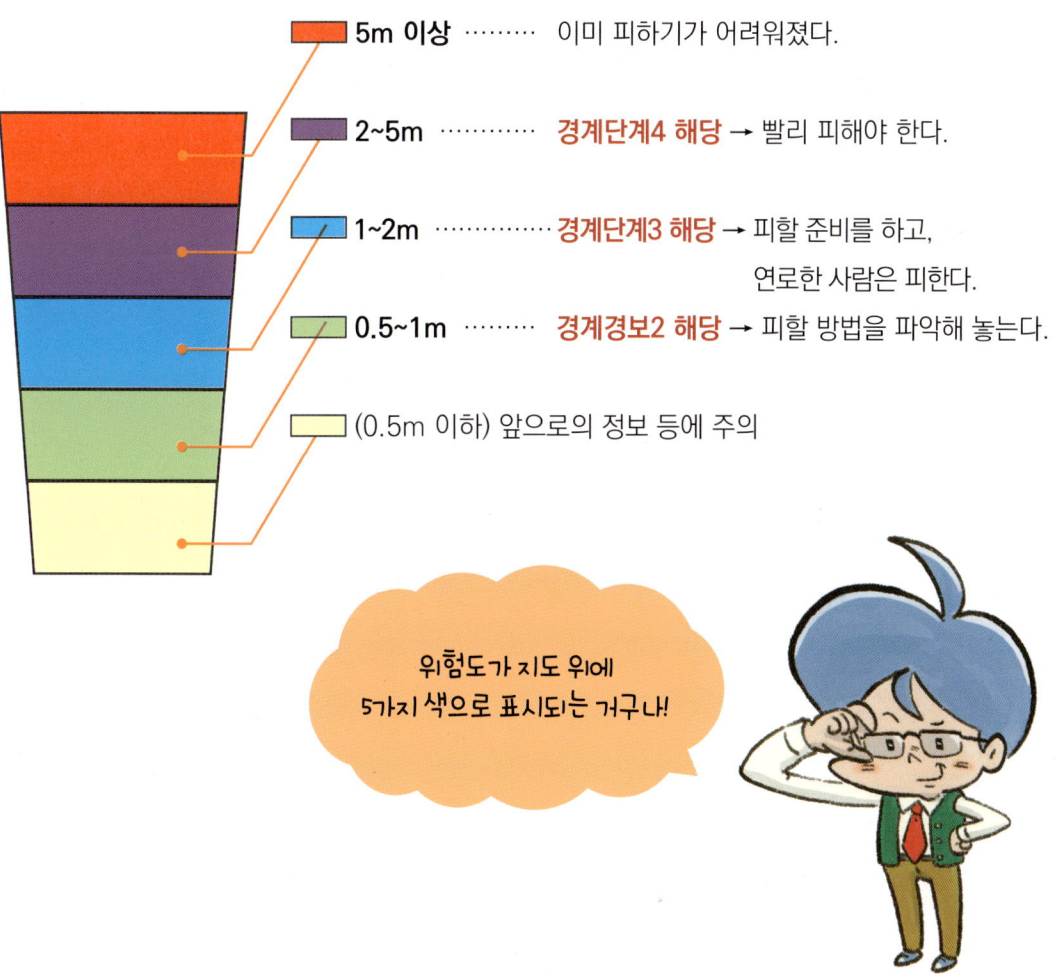

- 5m 이상 ········· 이미 피하기가 어려워졌다.
- 2~5m ············ **경계단계4 해당** → 빨리 피해야 한다.
- 1~2m ············ **경계단계3 해당** → 피할 준비를 하고, 연로한 사람은 피한다.
- 0.5~1m ········· **경계경보2 해당** → 피할 방법을 파악해 놓는다.
- (0.5m 이하) 앞으로의 정보 등에 주의

위험도가 지도 위에 5가지 색으로 표시되는 거구나!

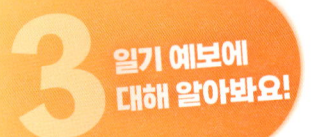

태풍의 진로는 어떻게 알아내지?

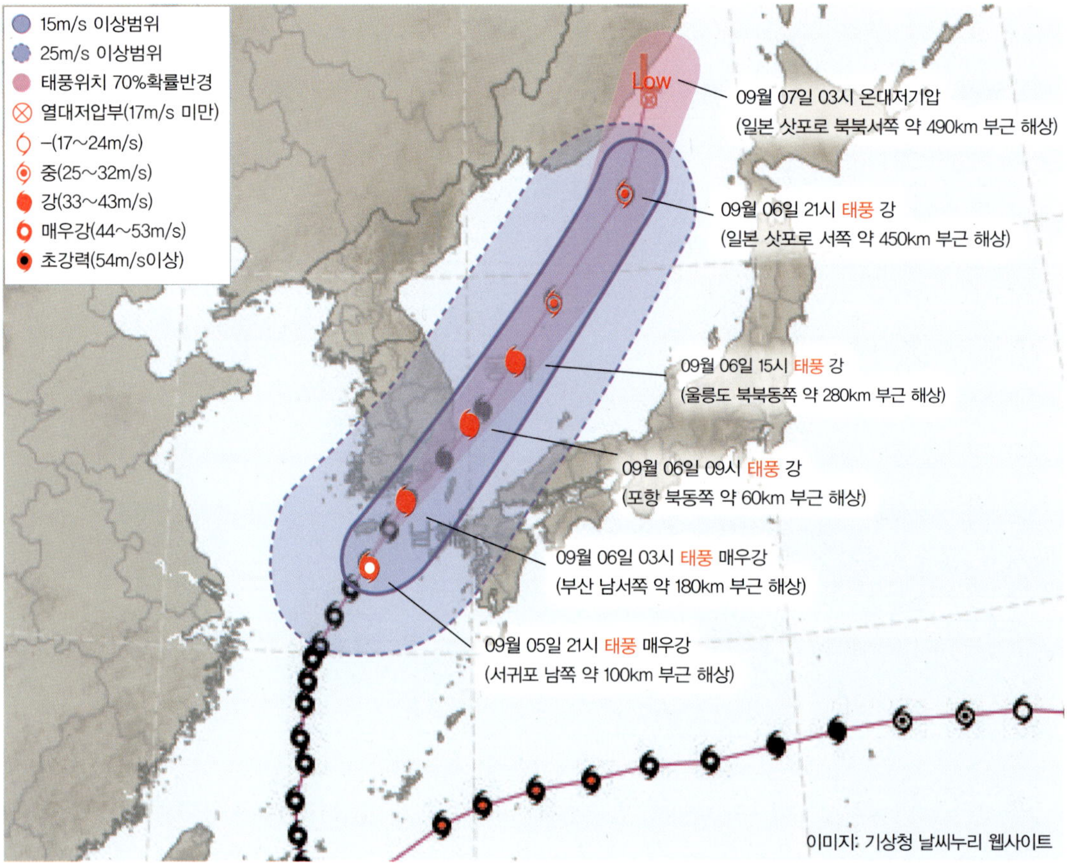

범례:
- 15m/s 이상범위
- 25m/s 이상범위
- 태풍위치 70%확률반경
- ⊗ 열대저압부(17m/s 미만)
- ○ −(17~24m/s)
- ◉ 중(25~32m/s)
- ● 강(33~43m/s)
- ◎ 매우강(44~53m/s)
- ● 초강력(54m/s이상)

- 09월 07일 03시 온대저기압 (일본 삿포로 북북서쪽 약 490km 부근 해상)
- 09월 06일 21시 태풍 강 (일본 삿포로 서쪽 약 450km 부근 해상)
- 09월 06일 15시 태풍 강 (울릉도 북북동쪽 약 280km 부근 해상)
- 09월 06일 09시 태풍 강 (포항 북동쪽 약 60km 부근 해상)
- 09월 06일 03시 태풍 매우강 (부산 남서쪽 약 180km 부근 해상)
- 09월 05일 21시 태풍 매우강 (서귀포 남쪽 약 100km 부근 해상)

이미지: 기상청 날씨누리 웹사이트

태풍경로 예상도 살펴보기

이 그림은 22년 제11호 태풍 힌남노가 우리나라 제주도 남쪽해상에 있을 때의 태풍경로 예상도 입니다.

태풍의 예상진로와 우리나라에 언제 가장 가까이 접근하는지, 그리고 강풍영역과 폭풍영역을 보고 사전에 미리 대비해 태풍피해를 줄일 수 있습니다.

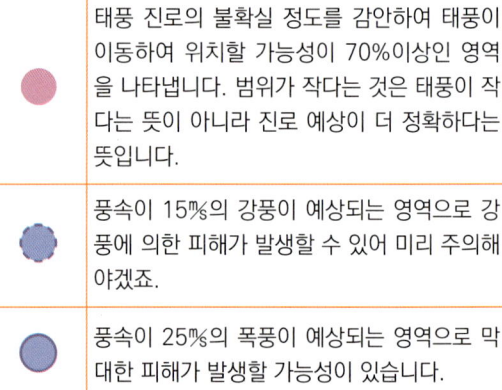

🔴 (분홍)	태풍 진로의 불확실 정도를 감안하여 태풍이 이동하여 위치할 가능성이 70%이상인 영역을 나타냅니다. 범위가 작다는 것은 태풍이 작다는 뜻이 아니라 진로 예상이 더 정확하다는 뜻입니다.
🟣 (연보라)	풍속이 15㎧의 강풍이 예상되는 영역으로 강풍에 의한 피해가 발생할 수 있어 미리 주의해야겠죠.
🔵 (보라)	풍속이 25㎧의 폭풍이 예상되는 영역으로 막대한 피해가 발생할 가능성이 있습니다.

관측을 통해 태풍의 중심위치나 강도, 크기를 파악해요!

태풍경로 예상도를 만들 때는 먼저 현재 태풍의 위치와 강도를 정하는 것이 중요합니다. 우리나라는 주로 기상위성 「천리안」이 촬영한 구름사진을 사용해 태풍의 위치와 강도를 파악해요. 이 위성사진 같이 태풍 중심에는 구름 가운데 둥근 구멍이 있는데요. 이것을 **태풍의 눈**이라고 부릅니다. 이 눈의 중심은 대부분 태풍의 중심위치예요. 또 이 눈의 모양이나 주변 구름의 모습 등을 통해 태풍 강도를 추정할 수 있습니다.

「기상위성 천리안」 외에도 여러 가지 관측 데이터를 사용해 강풍이나 폭풍이 부는 범위를 결정합니다. 이처럼 태풍의 위치와 강도, 크기가 정해지면 태풍경로 예상도의 준비가 끝나는 것입니다.

태풍이 「전성기」일 때의 위성사진

구름 중심에 있는 둥근 구멍을 태풍의 눈이라고 해요.

이미지: 日기상청

태풍경로 예상도는 어떻게 만드나?

태풍의 위치와 강도, 크기에 관한 정보를 컴퓨터에 입력하고, 세계 각지로부터 수집된 관측 데이터와 함께 조합해 컴퓨터상에서 전 세계의 기상상황 데이터를 만들어요. 이 데이터를 토대로 예측 계산을 하면 앞으로 전개될 태풍의 위치나 강도 등을 컴퓨터로 예측할 수 있습니다.

최근에는 앙상블 예보로 파악된 오차 정보까지 사용하지요. 최종적으로는 예보관이 컴퓨터의 예측결과를 바탕으로 앞에 나온 것 같은 같은 태풍경로 예상도를 만들게 됩니다.

여러 가지 데이터를 모은 후에 태풍경로 예상도를 만드는 구나!

❂ 태풍이 다가오면

태풍이 다가오면 폭풍이 불고 폭우가 내립니다. 폭풍으로 인해 바다에서는 파도가 매우 높게 출렁거려요(너울). 그리고 기압이 낮아지면서 해수면을 밑으로 누르는 대기의 힘이 약해지고, 또 폭풍이 불면서 바닷물이 밀려와 해수면이 상승합니다(고조). 때로는 쓰나미처럼 바닷물이 제방을 넘어 육지로 밀려들면서 집들을 파괴하기도 합니다.

태풍이 다가올 때는 폭풍에 의해 여러 가지 물체들이 날아오기 때문에 밖으로 다니는 것은 위험해요. 태풍이 다가오면 학교가 휴교에 들어가는 것도 이런 이유 때문입니다. 2002년 우리나라를 강타한 태풍 루사는 245명의 인명 피해를 입히고, 5조 원에 달하는 재산 피해를 입히며, 우리나라에 가장 큰 피해를 준 태풍이 되었습니다.

❂ 태풍피해에 대한 대비

태풍이 다가올 때 준비해야 할 일
실내 : 유리창에 테이프 등을 붙입니다. 창문으로 물체들이 날아올 때를 대비해 커튼이나 블라인드를 쳐 둡니다. 욕조에 물을 담아 생활용수를 확보하세요.

평소에 준비해야 할 일
대피장소를 확인해 두기!
- 학교나 공공시설 등, 대피장소로 지정된 곳까지 어떻게 가면 되는지 확인해 놓습니다.
- 가족끼리 대피장소나 연락방법 등을 약속해 놓습니다.

집 주변
평소에 빗물 유입구나 배구수를 청소해 물이 잘 빠지도록 해 놓습니다.

폭우나 바람이 강해지기 전에
- 유리창은 확실하게 잠가 놓습니다.
- 바람에 날아갈 수 있는 것들은 날아가지 않도록 고정해 놓거나 집 안에 옮겨 놓습니다.

대피 할 때는 소지품을 최소한으로 줄여서 양손을 다 쓸 수 있도록 하는 것도 중요하지!

☀ 기상청 기상예보를 통해 비나 천둥번개 상황을 파악해요!

 기상청의 기상예보 홈페이지에서는 기상 레이더로 관측한 비 상황을 알 수 있어요. 비의 강도를 색으로 구분해 놓기 때문에 어디서 강한 비가 내리는지, 그것이 어떻게 움직이는지 알 수 있습니다. 천둥번개가 어디서 났는지도 알 수 있고요. 또 천둥번개가 발생할 만한 곳이나 회오리가 어디쯤에서 발생할지도 알 수 있습니다. 여름철 낮에는 산 쪽에 적란운이 만들어지고, 그것이 커지면서 평야지역을 지나가는 모습도 자세히 알 수 있어요. 앞으로 비가 더 올지, 지금 내리는 비가 언제쯤 그칠지도 기상예보를 통해서 확인할 수 있습니다. 기상예보의 그림과 기상위성 사진을 비교해 보는 것도 재미있어요. 위성사진의 어떤 구름에서 어느 정도의 강한 비가 내리는지 알 수 있거든요.

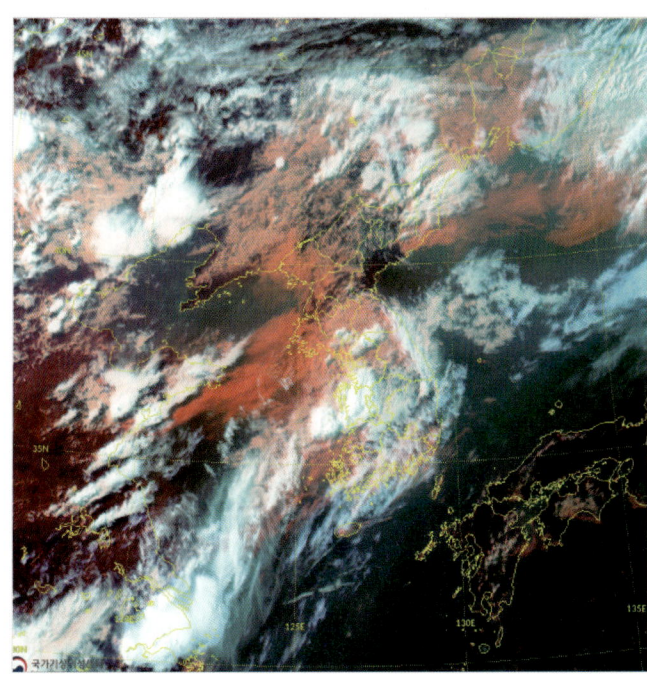

위성영상

이미지: 기상청 날씨누리 웹사이트

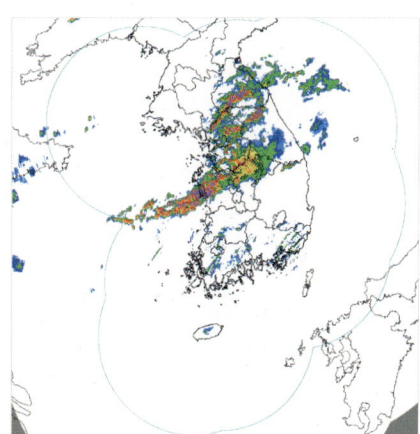

레이더영상

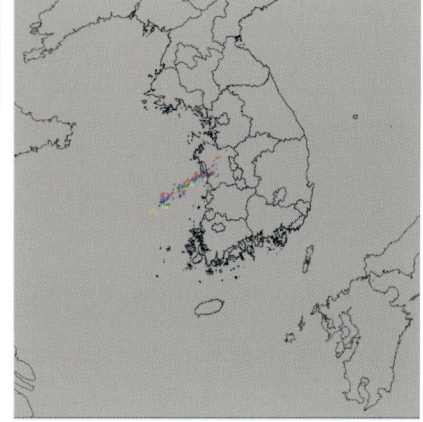

낙뢰

3 일기 예보에 대해 알아봐요!

폭염경보는 어떻게?

* 외출은 가능한 한 삼가고 에어컨을 켜놓은 실내에 머무르세요.
* 열사병의 위험이 높은 어르신과 어린이는 더욱 주의하세요.
* 목이 마르기 전에 조금씩 자주 물을 마셔줍니다.
* 밖에서 운동하는 일은 중지하거나 연기하세요.

더위는 위험을 부를 수도 있어요!

매년 여름이 다가오면 역대급 폭염이 올까하고 예측 보도에 귀 기울이고 있어요. 근래에 더운 날이 많아지고 열사병도 증가하고 있기 때문에 정부는 「폭염경보」를 발령하기도 합니다. 이것은 기온뿐만 아니라 습도 등 다른 기상조건까지 감안해 열사병 위험성이 매우 높다고 판단될 때, 건설현장 등 야외에서 열사병을 막을 수 있는 행동을 취하도록 알려주는 정보예요. 이 경보가 발표되었다면 열사병에 걸리지 않도록 주의해야 합니다.

🌞 기록적인 더위를 보였던 여름

2018년은 기록적인 더위를 보였는데요. 한국 기상 관측 역사상 최강의 폭염으로 기록되고 있어요. 당시 한반도 주변 기상 상황으로 빠져나가지 못한 열이 한반도 상공에 머물면서 무더운 날씨가 지속되었습니다. 이 폭염은 7월 중순부터 8월 중순까지 계속 되었으며, 열사병 환자가 4,515명이었고, 그중 사망자가 48명이었습니다. 이를 계기로 2018년부터 폭염이 자연재난으로 규정되었어요.

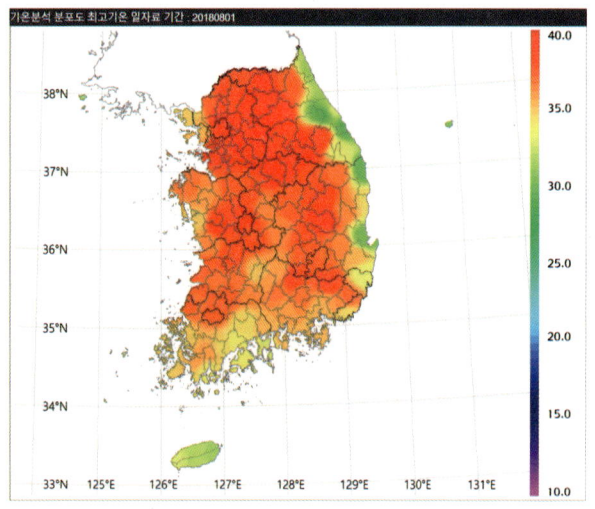

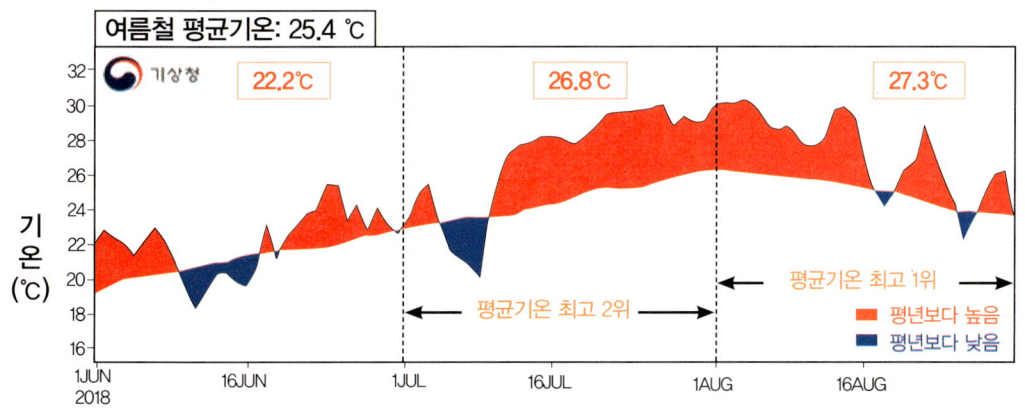

전국(45개 지점)의 2018년 여름 평균기온과 편차 시계열

2018년 여름철 평균기온은 25.4℃로 평년(23.6℃)보다 1.8℃ 높았으며 관측 통계 이래(1973년) 가장 높은 평균기온을 기록하였습니다.

출처: 기상청 2018년 연 기후특성 보고서

🌞 더위를 나타내는 기준 「더위지수(WBGT)」

더위체감지수는 인체와 외부 온도의 열 교환을 나타내는 지수인데요. 습도와 햇빛 등과 같은 주변의 열 상태, 기온까지 3요소를 적용한 지수입니다. 이 지수가 높을 때 열사병에 쉽게 걸리는 것으로 알려져 있어요.

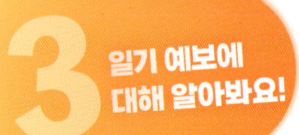

온대 저기압과 열대 저기압의 차이는?

온대저기압
따뜻한 공기와 차가운 공기가 만나서 발생하고 커져요.

열대저기압
열대나 아열대에서 발생해 커져요. 온대저기압으로 바뀔 때도 있어요.

온대저기압에는 전선이 있어요.

전선이 있는 온대저기압, 전선이 없는 열대저기압

온대저기압은 차가운 공기와 따뜻한 공기가 부딪치면서 만들어진 다음 커지는 저기압이에요. 그 차가운 공기와 따뜻한 공기의 경계에 있는 것이 **전선**입니다. 한국과 같은 온대지역은 북극에서 내려오는 차가운 공기와 열대에서 올라오는 따듯한 공기의 경계에 있기 때문에 온대저기압이 발생해서 쉽게 커집니다. 한편 태풍이나 허리케인 같은 열대저기압 주변은 따뜻하고 습한 공기로 인해 전선이 없어요. 열대저기압은 열대에서 발생해 커지는 경우가 많은데, 온대지역으로 이동할 때도 있습니다.

열대저기압이 북상해 온대지역으로 오면 거기서 차가운 공기를 만나기도 하는데요. 열대저기압은 따뜻한 공기를 갖고 있기 때문에 이 차가운 공기 사이에서 전선이 만들어져요. 이렇게 온대저기압 성질로 바뀌는 경우가 종종 있습니다. 태풍이 온대저기압으로 바뀌면 세력이 약해진다고 생각할지도 모르지만 저기압 성질만 바뀔 뿐, 바람의 강도나 비의 강도는 바뀌지 않아요. 때로는 반대로 강해지는 경우도 있습니다.

온대저기압 탄생!

태풍이 북쪽으로 올라가 차가운 공기와 부딪치면 전선이 만들어져요. 그러면 온대저기압으로 바뀌는 경우도 있어요.

열대저기압은 지역에 따라 태풍으로 부르거나 허리케인으로 부르기도 해. 우리나라는 태풍만큼 강하지 않은 것을 열대저기압으로 부를 때도 있지!

태풍에서 온대저기압으로 변신!

열대저기압

태풍은 중심부근이 가장 기압이 낮아. 가장 낮은 기압을 중심기압이라고 하는데, hPa(헥토파스칼)이라는 단위를 붙여서 표시하지!

☀ 일기도로 보는 태풍과 온대저기압

저기압 동쪽으로는 남쪽에서 따뜻한 공기가 올라오기 때문에 <u>온난전선</u>이, 서쪽으로는 북쪽에서 차가운 공기가 내려오기 때문에 <u>한랭전선</u>이 만들어집니다.

「L」로 표시되어 있는 곳이 온대저기압이야. 중심에서 전선이 뻗어 있지!

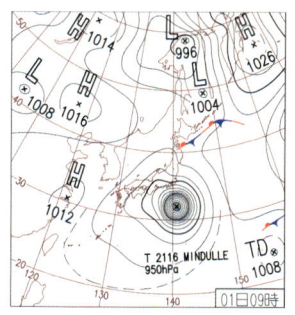
태풍이 한국으로 접근하고 있는 것을 알 수 있습니다.

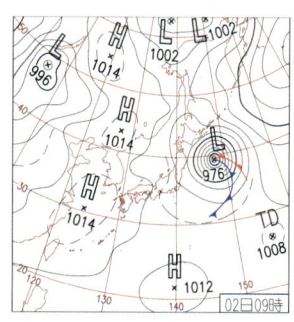
태풍에서 온대저기압으로 바뀐 것을 알 수 있습니다.

출처: 日氣상청

3 일기 예보에 대해 알아봐요!

전선이 뭐지?

기단의 경계를 전선이라 하며, 전선을 경계로 기온이나 바람방향이 바뀌는 경우가 많아요!

전선은 공기 온도나 바람방향의 경계를 말합니다. 전선 부근에서는 이 양쪽 바람이 서로 부딪쳐 바람속도나 바람방향이 바뀌기도 하고, 통과하면 갑자기 기온이 바뀌기도 해요. 그래서 그 주변에서는 날씨가 나빠지는 경우가 많습니다. 날씨 분포나 바람이 어떻게 부는가에 따라 전선 위치가 좌우되기 때문에, 일기도에 전선을 그려 넣으면 날씨 상황을 더 많이 이해할 수 있어요. 또 온대저기압이 만들어지고 커졌다가 마지막으로 쇠약해지는 것은 차가운 공기와 따뜻한 공기와의 접촉과 깊이 관련되어 있는데요. 일기도를 통해 그 경계에 있는 전선 모습을 보면 저기압이 지금 어떤 상태에 있는지도 알 수 있습니다.

🌸 전선의 종류   전선은 움직임이나 구조 등에 따라 4가지 종류로 나뉩니다.

폐색전선
저기압이 발달함에 따라 한랭전선이 온난전선보다 빠른 속도로 움직여, 저기압 중심 부근에서 한랭전선이 온난전선을 따라잡는 경우가 있습니다. 이것이 폐색전선으로, 이 전선이 생길 때쯤은 저기압이 가장 발달한 단계예요.

정체전선
따뜻한 공기와 차가운 공기가 서로 부딪쳐 양쪽의 힘이 균형을 이루면서 움직이지 않을 때 만들어지는 전선입니다. 똑같은 곳에 전선이 정체하기 때문에 오랫동안 계속 비가 내려요. 여름장마나 가을장마 때 많이 나타나는 전선입니다.

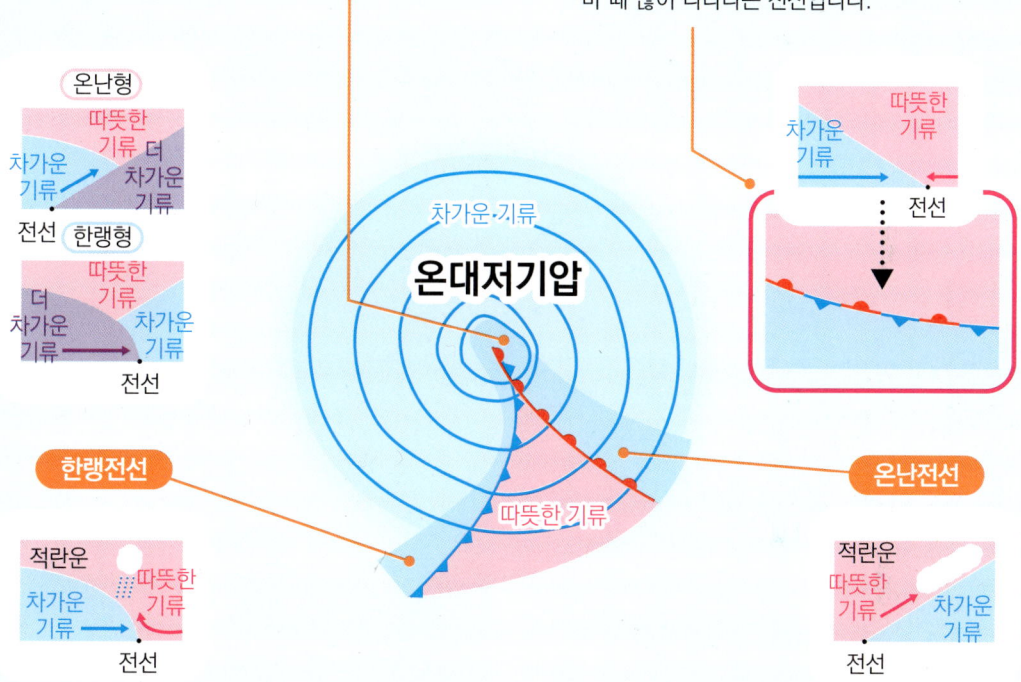

한랭전선
온대저기압으로 인해 차가운 공기가 따뜻한 공기를 밀어내고 이동한 곳에 만들어지는 전선입니다. 밀려난 따뜻하고 가벼운 공기가 상승하면 적란운이 만들어져 비가 많이 내리는 경우가 많아요. 비가 내리는 범위는 일반적으로 온난전선보다 좁은 편입니다. 한랭전선이 통과하면 기온은 떨어져요.

온난전선
온대저기압으로 인해 따뜻한 공기가 차가운 공기를 올라타는 지점에서 만들어지는 전선이에요. 따뜻한 공기는 차가운 공기보다 가볍기 때문에 차가운 공기 위로 올라타는데, 거기서 적란운 같은 구름으로 바뀌면서 넓은 지역에 비를 뿌립니다. 온난전선이 통과하면 기온은 올라가요.

🌣 저기압의 역할

햇빛 양의 차이로 인해 적도 부근은 따뜻하지만, 북반구는 북쪽으로 갈수록 기온이 낮아집니다. 다만 남쪽에서 북쪽으로 열을 옮겨주기 때문에 북쪽에 있는 공기가 너무 차가워지지 않도록 작용하지요. 그런 작용 가운데 하나가 저기압의 발달입니다. 저기압의 우측(東)으로는 남쪽에서 따뜻한 공기가 북쪽을 향하고, 좌측(西)으로는 북쪽에서 차가운 공기가 남쪽을 향해 흐릅니다. 이런 공기의 흐름이 북쪽의 차가운 공기를 조금씩 따뜻하게 만들고, 남쪽의 따뜻한 공기는 조금씩 차갑게 만들죠. 또 이런 공기 흐름으로 인해 저기압이 발달하는 것입니다.

❶ 정체전선 상에서 저기압이 발생

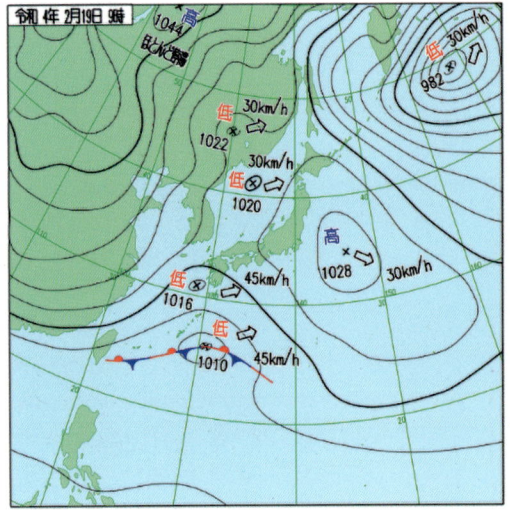

일본의 남쪽으로 온대저기압 전선이 만들어졌어요.

❷ 2개의 저기압이 발달

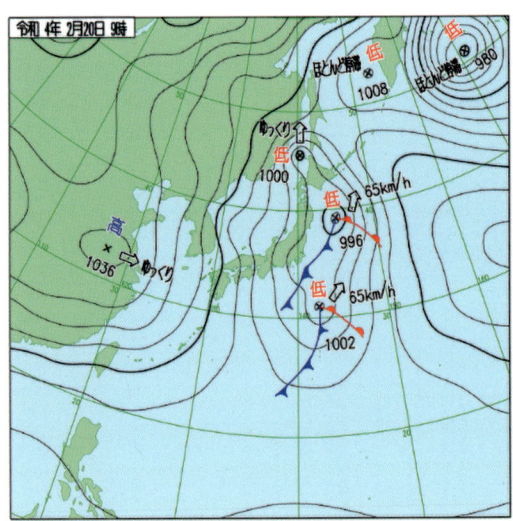

2개의 저기압이 모두 온난전선과 한랭전선을 거느리면서 커져서는 동북동 방향으로 움직이고 있어요.

머릿속에서 지구본을 떠올리면 상상하기 쉬운 거 같아!

일기도에서 저기압의 움직임을 읽어낼 수 있으면 재미있을 거야!

❸ 폐색전선이 만들어짐

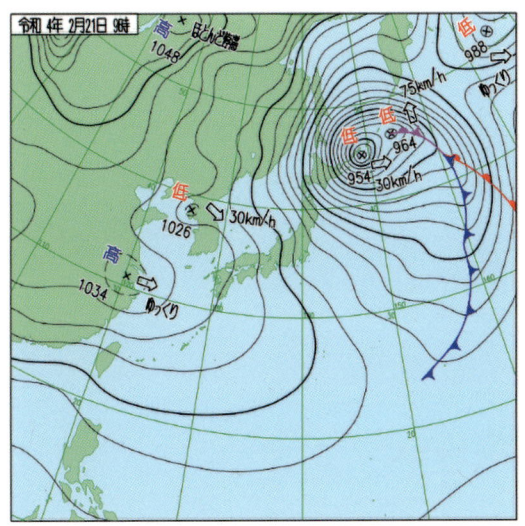

저기압 중심부근에서는 한랭전선이 온난전선을 따라붙어 폐색전선이 만들어졌어요. 이때가 저기압이 가장 발달한 시기입니다.

❹ 저기압이 약해짐

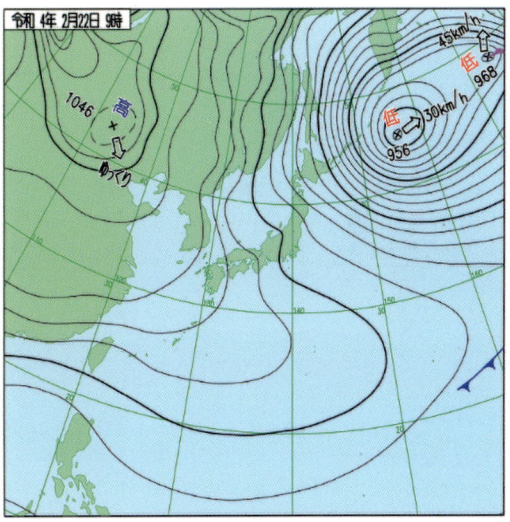

저기압 중심 부근에서 전선이 없어졌어요. 차가운 공기와 따뜻한 공기의 힘겨루기가 끝나면서 저기압은 이제부터 계속 약해집니다.

출처: 日기상청

3 일기 예보에 대해 알아봐요!

일기예보와 환경문제

신재생에너지를 활용하려면 일기예보가 필수

온실효과 가스 배출을 줄이려면 태양광이나 풍력 등과 같은 신재생에너지를 활용해야 하는데요. 태양광 발전은 햇빛이 없으면 전기를 만들지 못하고, 풍력 발전은 바람이 안 불면 전기를 못 만듭니다. 공장이나 가정에서 전력을 안정적으로 사용하기 위해서는 발전량과 소비량의 균형을 맞춰야 해요. 그 때문에 햇빛양이나 바람 상황을 파악하고 어느 정도 예측하지 않으면 전통적인 에너지원인 화력 발전 등의 통제가 제대로 이루어지지 않습니다. 일기예보 기술은 이렇게 전력관련 분야에서도 그 중요성이 높아지고 있어요.

모두가 힘을 합쳐서 달성해야 할 「탄소 중립」

인간의 활동으로 이산화탄소 등과 같은 온실효과 가스가 증가하면서 지구가 더워지고 있다는 사실은 오래전부터 큰 문제였습니다. 온실효과 가스가 증가하면 지구의 열이 밖으로 빠져나가지 못하면서 지구 온도가 높아지기 때문인데요. 이 지구온난화를 막기 위해서 이산화탄소 배출량과 감축량의 균형을 맞춤으로써 온실효과 가스 증가를 제로로 만들자는 것이 **탄소 중립**(Carbon Neutral)입니다. 전 세계는 이 탄소 중립을 2050년까지 실현하자는 목표로 추진 중이에요.

「탄소 제로」라는 말을 들어본 적이 있어!

자연의 힘을 이용한 신재생에너지

재생가능 에너지에는 물이 떨어지는 힘을 이용하는 **수력발전**, 화산 등과 같이 땅 속의 열을 이용해 전기를 만드는 **지열발전**, 해류나 파도 등의 힘을 이용하는 **해류발전**, 조수 간만의 차를 이용하는 **조력발전**, 바람의 힘을 이용하는 **풍력발전**, 태양빛을 이용하는 **태양광발전** 등이 있습니다.

수력발전

태양광발전

풍력발전

지열발전

칼럼

관측정보 이해하기!

지구의 구름이나 바람을 관측하는 기상위성 천리안의 영상이나 비구름의 움직임을 알려주는 기상청 일기예보는 실시간으로 기상 상황을 알려줍니다. 지금 날씨는 물론이고 몇 시간 전의 모습도 볼 수 있기 때문에 비구름이 어떤 경로로 움직이는지, 지금 어느 정도의 비가 내리고 있는지를 알 수 있어요.

기상위성 천리안으로 구름의 움직임을 볼 수 있어요.

기상위성 천리안은 적도에서 36,000km 떨어진 하늘에서 항상 우리나라 그 주변의 구름 모습을 관측하고 있어요. 열대 지역에서는 회오리치는 태풍이 보일 때도 많습니다. 천리안을 통해 태풍이 어떻게 만들어지고 커지며 어떻게 움직이는지를 알 수 있어요. 중위도에서는 편서풍을 타고 구름덩어리가 서쪽에서 동쪽으로 움직이는 모습도 알 수 있지요.

천리안을 통해서 보이는 구름은 비를 뿌리는 구름뿐만 아니라 비를 뿌리지 않는 구름도 많이 있습니다. 일반화면 상에서는 밤이 되면 검게 변해 아무 것도 보이지 않지만, 적외선 화면에서는 밤이라도 구름 모습을 볼 수 있어요. 또 적외선 화면에서는 낮은 곳에 있는 안개나 층운 등이 잘 보이지 않지만, 일반 화면에서는 하얗게 보입니다.

위성의 구름모습과 일기도를 비교하는 것도 재미있어요. 고기압이나 저기압, 전선 같은 일기도 모습과 실제 구름 모습이 어떻게 대응되는지 관찰해 보는 것입니다. 적외선 화면에서 하얗게 빛나는 구름은 적란운 등과 같이 강한 비를 뿌리는 구름인데요. 태풍의 회오리에도 이런 구름이 많이 있습니다. 이런 구름이 다가올 때는 폭우에 대비해야 해요.

이미지: 국가 위성센터 홈페이지 nmsc.kma.go.kr

4장

세계의 날씨와 기후

따뜻한 날, 추운 날, 비 내리는 날, 눈 내리는 날, 맑은 날, 바람이 강한 날, 무더운 날 등등, 날씨는 하루하루 달라집니다. 매일 관측한 값의 평균을 내고, 나아가 그것을 30년에 걸쳐 평균을 내보면 그 지역이 어떤 달에 어떤 기온을 나타내고, 어느 정도로 비가 오는지 알 수 있지요.

여기서는 세계와 우리나라의 기후에 관해 살펴보겠습니다.

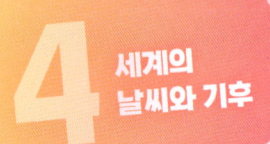

다양한 지구의 날씨

❸ 냉대 습윤 기후
겨울 추위가 심하고, 연간 기온차이가 큽니다. 1년에 걸쳐 비가 내리고, 눈이 많이 쌓이는 지역도 있어요.

❷ 사막 기후
가장 건조한 기후로, 사람이 살지 않는 지역도 많습니다.

❶ 냉대 동계건조 기후
겨울 추위가 특히 심하고, 여름은 비교적 고온에 비도 내립니다.

❹ 서안 해양성 기후
대륙의 서쪽 기후로, 바다에서 불어오는 편서풍 영향을 받으며, 기온이나 강수량이 1년 내내 별로 변화가 없습니다.

- 러시아 모스크바
- 영국 런던
- 이탈리아 로마
- 이집트 카이로
- 카메룬
- 몽골
- 한국 서울
- 인도 고아
- 말레이시아 쿠알라룸푸르

❺ 지중해성 기후
1년 내내 온난한 기후로, 겨울에는 비가 많이 내리고 여름에는 맑은 날이 많아 건조한 편입니다.

❻ 사바나 기후
1년 내내 고온에 건기와 우기가 있습니다. 코끼리나 기린, 사자 같이 동물원에서 인기 많은 야생동물이 많아요.

❼ 스텝 기후
사막 기후 다음으로 건조하지만 초원이 펼쳐질 만큼의 비는 내립니다. 목축업이나 농업도 가능한 지역이에요.

❽ 열대몬순 기후
겨울에도 기온이 높고 계절풍 영향으로 우기와 건기가 있습니다.

❾ 열대우림 기후
1년 내내 고온에 비가 많아서 열대우림이 넓게 펼쳐져 있습니다.

세계 기후는 크게 12가지로 구분

하루하루의 기온이나 강수량을 관측해 연평균과 30년 평균을 계산하면 그 지역의 기후 특성이 드러나요. 예를 들면 서울의 여름 기온은 26℃ 정도, 겨울에는 -2℃ 정도를 나타내며, 연간 강수량은 1,200mm 정도입니다. 싱가포르는 기온이 1년 내내 30℃에 가깝고, 연간 강수량은 2,200mm 정도이죠. 로마는 겨울에 비가 많이 내리고 여름은 건조하며, 카이로는 연간 강수량이 40mm도 안 됩니다. 이렇게 세계 각 곳의 기온과 강수량은 지역마다 차이가 커요. 기온과 강수량을 바탕으로 세계 기후를 크게 12가지로 구분할 수 있습니다.

⑪ 툰드라 기후
여름 기온이 낮고 1년 내내 눈에 덮여 있지만, 여름에는 땅이 녹으면서 야주 약간의 식물도 자랍니다.

⑫ 빙설 기후
가장 따뜻한 달의 평균기온도 영하일 정도로 1년 내내 눈과 얼음의 세계입니다.

⑩ 온난습윤 기후
여름은 덥고 겨울은 추워서 사계절이 확실합니다. 1년에 걸쳐 내리는 강수량이 비교적 많아요.

기온과 강수량 같은 계절변화와 식물의 성장상태를 관련지은 기후구분은, 독일 기후학자 쾨펜이 지금부터 100년 전에 제안했던 것이야. 그래서 쾨펜의 기후구분이라고 부르지!

🌸 고온다습한 아시아의 기후

여름철, 인도 등의 남아시아나 티베트 고원은 강한 햇빛으로 육지가 따뜻해져요. 그러면 비교적 온도가 낮은 바다 위에서 육지를 향해 바람이 불어옵니다. 바다에서 흘러온 바람은 많은 수증기를 갖고 있어서 습해요. 이런 습한 바람이 기온이 높은 남아시아에서 적란운으로 커지며 그 지역에 비를 뿌립니다. 「열대몬순 기후」로 불리는 고온다습한 이 기후는 남아시아부터 동남아시아 지역까지 넓게 볼 수 있어요. 몬순의 영향은 열대몬순 기후 지역뿐만 아니라 한국 등의 동아시아까지 영향을 끼칩니다. 여름에는 고온에 비가 많이 오기 때문에 논농사를 하여 쌀을 재배하는 등, 이들 지역의 문화를 특징짓게 하는데 중요한 원인으로 작용합니다.

남아시아는 「몬순(계절풍)」으로 인해 따뜻하고 비가 많은 시기(우기)와 비가 적고 공기가 건조한 시기(건기)가 있어!

🌸 광대한 사막과 오세아니아의 기후

오스트레일리아에는 광대한 사막이 펼쳐져 있어서 국토는 넓지만 사람들이 살 만한 지역은 한정되어 있어요. 사막 주변은 스텝 기후로, 초원이 넓게 펼쳐 있어서 캥거루가 뛰어다닙니다. 북부 해안가에는 **오스트레일리아 몬순**이라고 하는 계절풍으로 인해 건기와 우기가 있어요. 이 지역에서는 하얗고 거대한 구름이 파이프처럼 길게 뻗어 있는 「**모닝 글로리 구름**(Morning Glory Cloud)」이라고 하는 현상을 보일 때도 있습니다. 한편 오스트레일리아 남동부나 뉴질랜드는 온대 지역으로, 생활하기 좋은 기후를 보여요.

남반구에 위치한 오세아니아는 남쪽으로 갈수록 추워. 북반구의 한국과는 반대이지!

🌸 온난한 유럽의 기후

유럽은 위도가 높은데도 온난한 기후를 보입니다. 그 이유는 유럽의 서쪽을 흐르는 **북대서양 해류**로 불리는 난류와 편서풍에 있는데, 난류 위쪽에 있는 따뜻한 공기가 편서풍에 의해 유럽으로 이동하기 때문입니다.

대서양과 가까운 곳은 겨울에도 따뜻하지만, 동유럽부터 러시아 동쪽으로 갈수록 추워지네!

🌸 여러 가지 기후가 보이는 아프리카

적도의 남북으로 길게 펼쳐진 대륙인 아프리카에는 기후가 몇 종류나 됩니다. 북아프리카 중앙부근에는 사하라사막이 펼쳐져 있어요. 또 우기와 건기가 있는 **「사바나 기후」** 지역은 광활한 초원이 있어서 대형 포유류 동물의 생활권에 해당합니다. 적도 바로 밑으로는 1년 내내 많은 비가 내리는 「열대우림 기후」인 지역도 있어요.

코끼리나 기린이 살아갈 수 있는 것은 이런 사바나 기후 덕분이구나!

🌸 한대지역부터 열대지역까지 존재하는 북아메리카의 기후

북아메리카 대륙은 남북으로 길게 뻗어 있어서 추운 지역부터 더운 지역까지 다양한 기후분포를 보여요. 대륙 동쪽에는 남쪽에서 열대지역의 열을 옮겨오는 **멕시코 만류**가 흐릅니다. 만류는 대륙을 따라 북상하면서 바다 쪽 지역에 따뜻하고 습한 공기를 전해주죠. 이 따뜻하고 습한 공기 때문에 북아메리카에서는 허리케인이나 토네이도 그리고 겨울철의 폭탄저기압 등 피해를 끼치는 현상이 자주 발생합니다.

허리케인 「샌디」가 휩쓸고 간 뒤의 뉴욕시

산불을 일으키는 바람
아메리카 서해안은 비교적 건조한 기후이기 때문에, 동쪽의 로키산맥에서 밑으로 불어오는 **푄(Foehn)현상**으로 인해 뜨겁고 건조한 바람이 불 때 특히 산불이 날 위험성이 높습니다. 근래에도 많은 주민이 피난해야 할 만큼 큰 산불이 종종 일어났어요.

노리스터 눈보라
노리스터(Northeaster)는 **북동**이라는 의미로서, 대서양에서 북미 대륙의 동쪽 해안으로 불어오는 강한 바람을 동반한, 겨울에서 봄 동안 부는 폭풍을 가리킵니다. 북쪽의 차가운 기류와 남쪽 멕시코 만류의 습한 기류가 서로 부딪쳐 온대저기압이 급격히 발달하면서 발생하는 현상이에요.

위험한「토네이도 통로」
토네이도(회오리)는 아메리카 대륙이 본고장입니다. 다른 지역에서 발생하는 회오리보다 훨씬 큰 규모의 토네이도가 많이 발생해요. 아메리카 로키산맥의 동쪽에 위치한 대평원은 특히 토네이도가 자주 발생하는 지역으로, 토네이도의 통로라고 할 정도입니다.

집까지 날려버리는 허리케인
북대서양과 카리브해, 멕시코만이나 서경 180도 너머 동쪽의 북태평양 저위도에서 발생해, 엄청난 폭풍우를 불러오는 열대저기압 중 특히 크게 발달한 것이 허리케인입니다. 가장 강력한 카테고리5의 허리케인이 다가오면 해안주변에 사는 사람들은 폭풍이나 바닷물의 범람으로부터 목숨을 지키기 위해서 차를 이용해 내륙방면으로 대피하는 경우가 많습니다.

토네이도 경보가 발표되면 모두 다 지하실로 대피해야 해!

🌸 엘니뇨 영향을 크게 받는 남아메리카 기후

남아메리카에서는 아마존강 유역에 광활한 열대우림이 펼쳐져 있는데, 그 넓이는 세계 최대입니다. 또 서쪽으로는 남북으로 길게 이어진 안데스산맥이 있어서, 이것이 남아메리카 기후에 큰 영향을 끼쳐요. 가장 남쪽에 있는 파타고니아 지방은 서쪽에서 불어오는 편서풍의 영향으로 기온이 낮고 항상 강한 바람이 붑니다. 안데스산맥 서쪽은 눈 쌓인 곳이 많아서 남극과 그린란드에 이어 빙하가 넓게 분포해요. 페루 근해의 태평양은 적도 부근치고는 바다 수온이 낮은 지역이지만, 엘니뇨라는 현상이 일어나면 어획량이 줄거나 평소에는 건조했던 지역에 폭우가 내리기도 합니다.

아마존강이 비를 내리게 해요!

남아메리카 열대지역은 동쪽에서 무역풍이 불고 있어서 대서양으로부터 수증기가 밀려옵니다. 바다에서 오는 이 수증기 외에 아마존강 유역의 정글에서도 엄청난 양의 수분이 증발하기 때문에 아마존강 유역은 매우 습한 바람이 불죠. 원래부터 **무역풍**이 서로 부딪치면서 적란운이 쉽게 발생하는 위도이기도 하지만, 이렇게 바다에서 떨어진 대륙 깊숙한 곳까지 강우량이 많아 열대우림이 넓게 펼쳐져 있는 것은 그 때문입니다. 게다가 무역풍이 안데스산맥에 부딪치는 지점에서도 상승기류로 인해 **적란운**이 발달합니다.

해안을 따라 펼쳐진 불가사의한 사막

칠레 아타카마사막은 바다가 가까운 데도 불구하고 거의 비가 내리지 않습니다. 아타카마사막 앞바다에는 한류가 흐르는데요. 이 한류로 인해 해수면 근처의 공기가 차가워지는 한편, 산 쪽은 햇빛에 의해 따뜻해집니다. 이 때문에 상공에는 따뜻한 기류가 존재하고 하층에는 차가운 기류가 존재하면서 대류가 잘 일어나지 않는 정체 상태가 유지됩니다. 비가 적고 상공의 수증기나 대기오염 물질이 적기 때문에 우주를 관측하기에도 적합한 지역이라네요.

🌸 눈과 얼음으로 뒤덮인 땅, 북극과 남극

태양빛은 지표면으로 똑바로 들어오는 적도부근에서 햇살이 가장 강하고, 비스듬하게 들어오는 고위도 지역은 약합니다. 북극과 남극은 지구에서 태양빛이 가장 안 비치는 지역이기 때문에 매우 추울 뿐만 아니라, 지표면은 눈과 얼음으로 덮여 있어요. 남극에는 육지가 있어서 그 위로 눈과 얼음이 덮이기 때문에 남극의 얼음이 녹으면 해수면이 높아집니다. 북극에는 육지가 없어서 거대한 얼음이 바다에 떠 있는 상태이기 때문에 얼음이 녹아도 해수면이 높아지지는 않습니다.

왜 우리나라는 사계절이 있을까?

1년 동안 지구로 들어오는 태양빛이 크게 다르기 때문

대기의 열이 들어왔다 나가는 것을 지갑에 비유하면, 큰 수입은 태양으로부터 받는 햇빛에 의한 열이다. 특히 우리나라 같이 중위도 지역에 위치한 나라는 지구의 자전축이 비스듬한 이유로 1년 동안 태양빛을 받는 정도가 많이 달라진다. 그 때문에 사계절이 확실히 구분되는 것이다. 봄에는 벚꽃개화시기가 남에서 북쪽으로, 가을에는 단풍이 북쪽에서 남쪽으로 이동한다.

봄 맑은 날과 흐린 날을 반복하면서 겨울에서 여름을 향해 가는 계절

고기압이 다가오면 맑은 날이 계속되고, 저기압이 다가오면 날씨가 나빠진다. 이것을 반복하면서 점점 기온이 올라 간다. 기온이 올라가다 중간에 기온이 뚝 떨어지는 꽃샘 추위가 나타나기도 한다.

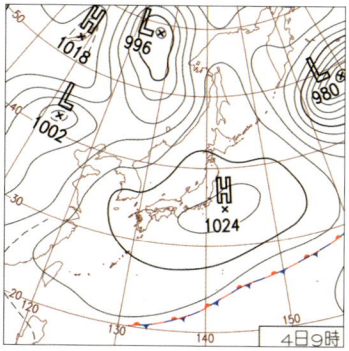

봄철 일기도

여름 장마와 무더운 여름

6월부터 7월에 걸쳐서는 남쪽의 북태평양 기단과 북쪽의 오호츠크해 기단과의 경계에서 장마가 나타난다. 7월 하순에 들어서면 북태평양 기단이 확장하면서 장마전선을 북쪽으로 밀어올리면서 습하고 무더운 여름이 시작된다.

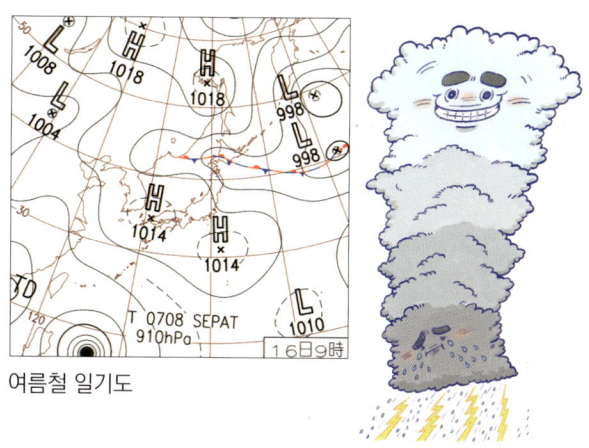

여름철 일기도

가을 가을비 그리고 맑은 날씨와 흐린 날씨를 반복하면서

이동성고기압의 영향을 주로 받으면서 맑고 푸른 하늘을 볼 수 있는 날이 많다. 하지만 가을 초까지는 북태평양고기압의 세력이 아직 영향을 미치면서 무더운 날씨가 나타나기도 하고, 북태평양 고기압이 점차 수축하며, 그 경계선에서 가을장마가 나타나기도 한다. 이 무렵 북태평양 고기압 가장자리를 따라 태풍이 올라 오는 경우도 많다.

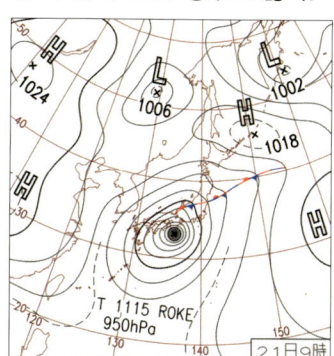

가을철 일기도

겨울 서쪽에는 고기압이, 동쪽에는 저기압이 배치

차가워진 대륙 위로는 시베리아 고기압이 발달하고, 일본 동쪽으로는 알류산 저기압이 자주 발생한다. 서쪽 기압이 높고 동쪽 기압이 낮은 서고동저형 기압이 배치되면서 북쪽으로부터 찬공기가 불어오면서 추운 날씨가 종종 나타나고, 상대적으로 따뜻한 서해바다를 지나면서 눈구름이 만들어 지면서 서해안과 제주도에 눈이 자주 내린다.

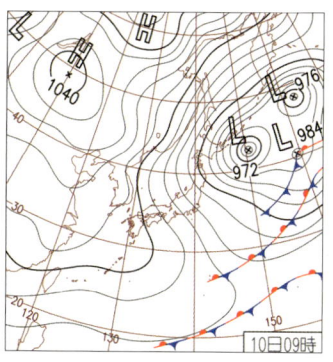

겨울철 일기도

출처: 日기상청

4 세계의 날씨와 기후

한반도 주변의 네 가지 기단

나는 시베리아 기단이야!

오호츠크해 기단이라고 해!

나는 양쯔강 기단이지!

난 북태평양 기단!

기단과 기단이 얼굴을 마주하는 지점에서는 전선이 만들어지는 경우가 많지!

기단은 기후에 영향을 주는 공기 덩어리

기단이란 넓은 지역의 기온이나 습도가 똑같은 공기 덩어리를 말해요. 만들어지는 장소에 따라 성질이 다르다는 점이 특징이죠. 한반도의 북쪽에서 만들어진 기단은 차갑고, 남쪽에서 만들어진 기단은 따뜻해요. 또 바다 위에서 만들어진 기단은 수증기가 많아서 습하고, 대륙 위에서 만들어진 기단은 건조하답니다. 우리나라 주변에는 성질이 다른 4개의 기단이 있는데, 우리나라의 날씨 변화에 큰 영향을 끼쳐요.

🌸 시베리아 기단

러시아의 시베리아 부근에서 만들어지는 기단이에요. 겨울에 차가운 대륙에서 발생하기 때문에 차갑고 건조합니다. 시베리아 기단이 한국으로 다가오면 춥고 건조한 겨울 날씨가 시작돼요. 11월 말부터 3월 초 까지 우리나라에 가장 오랫동안 영향을 주며, 해안가에 폭설을 내리기도 합니다.

🌸 오호츠크해 기단

러시아의 사할린 섬과 캄차카 반도 사이의 오호츠크해에서 발생하는 차갑고 습한 기단이에요. 우리나라에는 주로 초여름과 초가을에 영향을 미쳐요. 초여름에 이 기단과 남쪽의 북태평양 기단 사이에 장마전선이 발생하면서 한국에 장마가 시작됩니다.

🌸 북태평양 기단

적도 부근의 북태평양에서 만들어지는 따뜻하고 습한 기단이에요. 오호츠크해 기단과 함께 우리나라에 장마를 불러오는 기단이에요. 장마가 끝난 후 7~8월에 우리나라 여름철이 습하고 더운 이유는 바로 이 기단 때문입니다. 구름이 거의 없는 맑은 날씨를 볼 수 있어요.

기단은 계절을 바꾸는데 큰 역할을 하는구나!

알려 줘요! 곰 선생님 - 기단과 고기압

시베리아 고기압, 오호츠크해 고기압, 북태평양 고기압. 기단 이름은 이렇게 고기압 이름으로도 불린다.

고기압에서는 바람이 시계방향으로 불기 시작한다. 이들 고기압에서 부는 바람이 우리나라 날씨에 영향을 준다.

양쯔강 기단이라고 하는 기단도 있는데, 앞서의 3개 기단과 달리 양쯔강 고기압이라고는 부르지 않는다. 시베리아 고기압에서 갈라져 이동성고기압이 되어 우리나라 부근으로 다가오는 기단이기 때문에, 시베리아 기단보다 작은 이미지의 기단이다.

🌸 변화가 많은 봄 날씨

고기압이나 저기압은 서쪽에서 편서풍을 타고 반복적으로 찾아오기 때문에 날씨가 주기적으로 바뀐다. 이런 주기적인 변화를 반복하는 가운데, 계절은 서서히 겨울에서 봄으로 바뀐다. 「이동성고기압」이 통과한 뒤에는 따뜻한 편서풍이 찾아오면서 봄의 전령사인 벚꽃 개화시기에 영향을 준다.

봄인데도 춥다! 「꽃샘추위」

봄을 몰아오는 저기압이 동쪽지역으로 빠져나가면 일시적으로 서고동저형의 겨울철 기압배치가 형성될 때가 있다. 이러한 기압배치가 형성되면 북쪽으로부터 찬공기가 유입되며 갑자기 겨울 같은 추위가 찾아오는 것이다. 이런 상황을 「꽃샘추위」라고 한다. 일시적으로 한겨울처럼 추운 경우는 있지만 그렇다고 추위가 오랫동안 계속되지는 않는다.

격렬한 봄 바람

입춘에서 춘분 사이에 남쪽에서는 봄을 알려주는 바람이 몰려온다. 겨울이 끝날 무렵에는 시베리아 기단이 약해지는 동시에 저기압이 통과할 때 동해상에서 만들어진 눈구름이 동풍을 타고 유입되면서 우리나라 동해안에 많은 눈이 내릴 때가 있다.

> 갑작스러운 저기압의 발달을 예보할 수 있게 되면서, 지금은 이렇게 많은 배가 재난을 당하는 경우는 거의 없어졌어!

🌸 폭탄저기압이란?

일본 부근에서 중심기압이 24시간 안에 대략 20hPa 이상 떨어지면서 급격히 커지는 저기압을 폭탄저기압이라고 부른다. 중위도에서는 북쪽에 차가운 공기가 위치하고 남쪽에 따뜻한 공기가 위치하는데, 이 두 공기의 온도차이가 클수록 저기압이 쉽게 발달한다. 10월부터 4월에 걸친 일본 부근은, 시베리아에서 내려오는 차가운 공기와 쿠로시오 난류의 따뜻한 공기의 영향을 받아 이 온도차이가 커질 때가 있는데, 그러면 제트기류가 남북으로 지그재그로 강하게 움직이기 때문에 저기압을 쉽게 커지는 시기이다. 폭탄저기압은 온대저기압이지만 넓은 범위에 걸쳐서 강력한 태풍 이상의 폭풍을 불게 할 때가 많아서, 일본의 북해도 같은 지역에서는 폭풍설로 인해 앞이 안 보이는 경우도 있다. 이럴 때 야외에서 활동하면 매우 위험하다.

중국에서 날아오는 「황사」

봄으로 접어들면 고비사막 등과 같은 동아시아 내륙에서도 저기압이 발달한다. 그러면 폭풍에 의해 모래가 하늘로 올라간 다음, 서쪽에서 동쪽으로 부는 편서풍을 타고 우리나라까지 날아온다. 모래 색이 노랗고 많이 날아오면 하늘이 노랗게 보인다고 해서 황사라고 부른다. 건강에 영향을 주는 문제들이 있어서 환경문제 가운데 하나로 취급된다.

봄꽃 개화시기

벚꽃은 따뜻한 남쪽부터 피기 시작하다가 조금씩 북쪽으로 올라온다. 벚꽃이 같이 필 것으로 예상되는 지역을 예상해서 연결한 선을 일본에서는 「벚꽃 전선」이라고 부른다. 이 벚꽃 개화시기를 일기예보 때 소개하기도 한다. 꽃구경 계획을 세운 사람들한테는 필수 체크 정보이다.

🌸 24절기 중 봄

24절기란 계절의 변화를 나타내는 달력으로, 고대 중국에서 만들어진 것으로 알려져 있다. 1년을 봄·여름·가을·겨울 4계절로 나눈 다음, 다시 각각을 6가지 절기로 나누어 표현한 것이다. 계절을 더 자세하고 정확하게 구분하는 함으로써 농사를 지을 때 중요한 정보로 삼는다. 중국은 대륙에 있기 때문에 계절이 조금 빨리 지나가는 점을 감안해야 한다.

입춘	봄의 시작을 알려주는 절기
우수	입춘일 기준 15일 후. 비가 내리고 싹이 트는 절기
경칩	겨울잠을 자던 동물들이 깨어나는 절기
춘분	낮의 길이가 밤과 같거나 길어지는 절기
청명	봄철에 가장 날씨가 좋은 절기
곡우	봄 절기의 마지막 절기로서, 벼농사를 지으면서 씨를 뿌리는 절기

우리나라의 습하고 더운 여름 날씨

초여름에는 습한 날씨가 계속 이어지는 장마가 찾아온다. 북태평양고기압이 강해지면 장마전선은 우리나라 북쪽으로 올라가면서 여름 햇살이 내리쬐는 한여름으로 들어간다. 때에 따라서는 8월이 되어도 북태평양고기압이 약한 상태로 있으면서 장마전선이 남부지방에 머무르는 경우도 있다. 이런 해에는 서늘한 여름을 보내게 된다.

여름철 「소나기」

소나기는 여름철 오후에 많이 일어나는 현상이다. 여름 햇살이 강한 날에는 태양열로 인해 지표면이 점점 뜨거워지면서 상공과 온도 차이가 생긴다. 그러면 상승기류가 발생하게 되고, 상공으로 올라간 공기 속의 수증기가 응결되어 구름이 적란운으로 발달한다. 이 적란운에 의해 내리는 비가 소나기인 것이다. 강한 소나기는 북태평양 고기압 가장자리 자주 발생한다.

느리게 움직이는 「여름 태풍」

태풍은 여름과 가을에 많지만, 여름 태풍은 느리게 움직이고 불규칙하게 움직인다는 특징이 있다. 여름에는 우리나라와 일본이 북태평양고기압 세력 하에 있으면서 태풍의 움직임을 결정하는 상공의 바람이 약할 때가 많기 때문이다. 그러면 태풍이 어느 방향으로 움직일지 고민하게 되고, 그때 불규칙한 움직임을 보인다.

장마가 길어질 때 일어나는 「덜 더운 여름」

보통의 여름은 7월 후반에 북태평양고기압 세력이 강해지면서 본격적으로 더워지지만, 이 시기에 북태평양고기압이 강해지지 않으면 장마전선이 머물면서 서늘한 여름을 보낼 때가 있다. 덥지 않은 여름은 농작물의 성장이나 옷, 청량음료, 에어컨 판매에도 큰 영향을 끼친다.

> 여름이 서늘하면 생활하기는 편할지 모르지만 여러 가지 문제가 발생하지!

🌸 장마의 주역 「장마전선」

봄에서 여름으로 넘어갈 때, 남쪽부터 순차적으로 장마철이 시작된다. 북쪽에 있는 오호츠크해 고기압의 차가운 바람과 남쪽의 북태평양고기압의 따뜻하고 습한 바람이 우리나라 상공에서 서로 부딪쳐 장마전선을 만든다. 이때 차가운 바람과 따뜻한 바람의 균형이 팽팽하게 맞서면 장마전선이 오랫동안 머물면서 장마가 길어지는 것이다.

장마가 물러가면 무더운 여름이 시작되고는 해!

입하	여름의 시작을 알리는 절기. 농작물이 자라면서 바빠지는 시기이다.
소만	풍부한 햇빛으로 만물이 생장하면서 가득 차는 절기
망종	씨 뿌리기 좋은 절기. 모내기 준비로 바쁜 시기이다.
하지	태양이 가장 높이 뜨고 낮 길이가 가장 긴 절기. 장마가 시작된다.
소서	작은 더위. 소서를 기점으로 본격적인 더위가 시작되는 절기.
대서	큰 더위. 더위가 가장 심한 절기. 삼복더위를 피해 휴가를 떠나는 시기이다.

🌸 24절기 중 여름

1년 중에 낮이 가장 길고 밤이 가장 짧은 날이 「하지」이다. 1년 가운데 가장 더운 「대서」가 지나가면 낮에는 덥지만 아침이나 밤에는 서늘해지는 「처서」가 찾아온다.

🌸 날씨 변화가 많은 가을 날씨

여름 더위를 가져왔던 북태평양 기단이 약해지면서 기온이 떨어지는 가을. 북쪽의 차가운 공기와 남쪽의 따뜻한 공기 사이에 생기는「가을장마 전선」으로 인해 비오는 날이 자주 있다. 가을장마가 끝나면 이번에는 저기압과 교대로 일본을 통과하는 이동성고기압이 찾아온다. 이 시기는 봄처럼 주기적으로 날씨가 바뀐다.

상쾌하고 맑은「가을 하늘」

이동성 고기압의 영향을 주로 받아 맑은 날이 많아 하늘이 높고 말이 살찐다는 천고마비(天高馬肥)의 계절이라고 한다. 새파란 하늘이 수놓은 청명한 가을은 공기도 상쾌해서 야외활동이나 생활하기에도 최적이다. 이동성고기압이 동쪽으로 이동하면 조개구름이나 양떼구름 같은 구름이 하늘 높이 만들어지면서 궂은 날씨가 찾아온다.

빠르게 움직이는「가을 태풍」

여름에 이어 9월부터 10월에도 태풍이 찾아온다. 가을 태풍은 여름과 달리 빨리 움직인다는 특징이 있다. 이 시기의 편서풍은 일본 바로 위를 지나가는데, 가을 태풍은 이 편서풍 흐름을 타고 빠른 속도로 일본을 통과하는 경우가 많다. 그런 때는 태풍이 이동하는 방향 우측에서 특히 바람이 강한 경우가 많아 폭풍이나 해일을 주의할 필요가 있다.

단풍놀이의 시작을 알려주는「단풍전선」

산을 물들이는 단풍은 북쪽에서 남쪽으로 내려온다. 그 모습을 알려주는 것이「단풍전선」이다. 북해도나 산 같이 높은 곳에서 남쪽으로, 그리고 마을로 내려온다. 기상청은 해마다 단풍나무의 빨간 단풍과 은행나무의 노란 단풍을 관측하면서 일기예보 중에 계절소식으로 전달해 준다.

단풍나무 잎은 최저기온이 8°C 이하로 떨어지면 빨갛게 물들기 시작해!

🌼 가을장마 전선이 정체하는 「가을비」

가을로 접어들면 북태평양고기압은 남쪽으로 수축하고 북쪽에서 차가운 공기가 흘러들어온다. 이때 여름의 따뜻한 공기와 가을의 차가운 공기가 부딪치면서 가을장마 전선이 만들어지는데, 이때 가을비가 계속해서 촉촉하게 내리는 경우가 있다. 이 전선이 있는 곳으로 태풍이 다가오면 많은 비가 내릴 가능성이 높다.

초겨울에 부는 차갑고 강한 「북서풍」

가을에서 겨울로 계절이 바뀔 때 북서쪽에서 찬바람이 분다. 이때의 일기도를 보면 서고동저의 겨울형 기압배치를 보인다.

입추	가을의 시작을 알리는 절기. 이때까지는 아직 덥다.
처서	가을바람이 불기 시작한다는 절기. 선선한 공기가 느껴지는 시기이다.
백로	농작물에 이슬이 맺힌다는 절기. 옛날에는 백로에 비가 오면 풍년이 든다고 여겼지만, 백로가 지나기 전에 서리가 내리면 흉작이 든다고 여겼다.
추분	낮과 밤의 길이가 똑같은 절기. 추분이 지나면서 밤이 길어진다.
한로	차가운 이슬이 맺히는 절기. 겨울철새들이 찾아오는 시기이다.
상강	서리가 내리기 시작하는 절기. 아침저녁으로 날씨가 쌀쌀해진다.

🌼 24절기 중 가을

가을은 가을의 시작을 알리는 「입추」부터 낮과 밤의 길이가 거의 비슷한 「추분」, 단풍이 시작되는 「한로」, 아침과 밤의 추위가 시작되는 「상강」까지의 기간이다. 이 절기들이 지나가면 겨울을 향해 달려간다.

🌸 추위와 눈이 내리는 겨울 날씨

겨울로 접어들어 차가워진 대륙 하늘의 고기압과 북해도 동쪽에서 발달한 저기압으로 인해 「서고동저」 기압배치를 보이는 겨울. 이때 북서쪽에서 차가운 계절풍이 불어온다. 차가운 계절풍이 서해상을 수증기를 빨아들이면 구름이 만들어져 동해 쪽 지방에 눈을 뿌린다.

처음으로 관측되는 눈 「첫눈」

가을에서 겨울로 넘어갈 때 처음 내리는 눈이 첫눈이다. 눈과 비가 섞인 진눈깨비가 내려도 첫눈으로 관측된다.

겨울에 많은 불가사의한 「정전기」

물체와 물체를 서로 마주대고 비볐을 때 일어나는 전기가 정전기이다. 옷을 입고 움직일 때 옷이 스치면서 전기가 생기고 사람 몸에는 정전기가 붙어 있다. 물은 전기를 통하기 때문에 물체에 저장된 전기가 수분을 통해 없어지지만, 건조한 계절에는 수분을 통해서 전기가 없어질 길이 없기 때문에 정전기가 잘 붙어 있는 것이다.

눈앞이 새하얗게 되는 「화이트아웃」

눈보라나 대설로 인해 눈앞에 하얀색만 보이는 것을 「화이트아웃(Whiteout)」이라고 말한다. 화이트아웃이 일어나면 시야불량으로 앞을 볼 수 없기 때문에 방향이나 거리를 구분하지 못하게 된다.

겨울에 정전기가 자주 일어나는 것은 공기가 건조하기 때문이구나!

나폴레옹도 견뎌내지 못한 「동장군」

북서쪽에 있는 시베리아 기단은 동장군이라는 말을 만들어냈을 만큼이나 혹독한 추위로 유명하다. 동장군은 프랑스 황제 나폴레옹이 러시아를 공격했을 때, 당시의 러시아 추위가 마치 겨울장군 같은 위력을 발휘하면서 패배 당했다는 데서 유래한 말이었지만, 어느새 겨울의 혹독한 추위를 가리키는 말이 되었다.

제2차 세계대전에서 독일의 히틀러가 러시아를 공격했을 때도 시베리아의 동장군에게 당했지!

산악지대의 「대설」과 평야지대의 「대설」

서고동저형 겨울철 기압배치 때 내리는 눈에는 산악형과 평야형으로 나눌 수 있다. 등압선이 세로로 많이 배치된 겨울형 기압배치 상태에서는 강한 바람이 산의 경사면으로 몰아쳐 많은 눈을 뿌리는 산악형이 많다. 그와 달리 등압선 간격은 넓지만 아주 강한 찬 공기가 들어오면 서해상 적란운이 발달해 바다와 가까운 평야에 많은 눈을 뿌리는 평야형이 많다.

동해안에 내리는 눈은 예보하기가 어렵다.

겨울철에 동해안지역은 건조하고 맑은 날씨가 계속될 때가 많지만, 때로는 큰 눈이 내리기도 한다. 저기압이 남해안을 따라 동쪽으로 이동하면 동해안지역도 날씨가 나빠져 비나 눈이 내린다. 눈에 익숙하지 않은 지역에서는 눈이 조금이라도 쌓이면 교통상황이 큰 영향을 받는다. 따라서 눈 예보에 관심이 매우 높지만, 구름 속에 있는 눈이 그대로 땅으로 떨어질지, 도중에 녹아서 비로 떨어질지는 기온이나 습도의 미세한 차이로 결정된다. 그 때문에 우리나라 남부 동해안지역에 내리는 눈은 예보하기 어려울때가 많다.

입동	겨울의 시작을 알리는 절기.
소설	본격적인 겨울을 알리는 절기. 소설은 작은 눈(小雪)이라는 뜻이다.
대설	눈이 가장 많이 내린다는 절기. 대설은 큰 눈(大雪)이라는 뜻이다.
동지	1년 중 밤의 길이가 가장 긴 절기. 팥죽을 먹어서 악귀와 액운을 내쫓는 풍습이 있다.
소한	다음 절기인 대한에 앞서 작은 추위를 나타낸다는 절기. 소한은 작은 추위라는 뜻이다.
대한	1년 중 가장 큰 추위가 찾아온다는 절기. 대한은 큰 추위(大寒)라는 뜻이다.

❂ 24절기 중 겨울

겨울철의 24절기에는 겨울의 시작을 알리는 「입동」, 본격적인 겨울을 알리는 「소설」 그리고 1년 중에 가장 추운 「대한」이 지나가면 큰 추위는 지나가고 봄을 향해 달려간다.

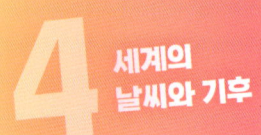

인간의 활동이 기후변화의 원인!

지구를 덥게 하는 온실효과 가스

지구의 열을 돈으로 비유하면, 수입은 태양으로부터 오는 햇빛이고, 지출은 지구나 대기에서 우주로 빠져나가는 적외선입니다. 이 수입과 지출이 균형을 이룰 때 지갑에 있는 돈이 일정하게 유지되는 것이죠. 농작물을 키우는 온실을 생각해 볼까요. 온실에서는 햇빛이 투명한 벽을 통과해 온실 속을 따뜻하게 합니다. 하지만 열은 온실 벽 때문에 밖으로 잘 빠져나가지 않죠. 들어오는 열이 빠져나가는 열보다 많기 때문에 온실 속은 따뜻해집니다. 지구에서 이 온실 벽처럼 똑같은 작용을 하는 것이 온실효과 가스예요. 이산화탄소 등과 같은 온실효과 가스가 없으면 지구 전체의 평균기온은 영하 19℃정도까지 떨어질 겁니다. 하지만 온실효과 가스 덕분에 평균 약 14℃를 유지함으로써 모든 생물이 생활하기 좋은 온도로 유지되는 것이죠. 그런데 석유나 석탄을 연료로 사용해 이산화탄소를 배출하는 등, 각종 산업 활동으로 인해 온실효과 가스가 증가하고 있습니다. 온실효과 가스가 증가하면 지구를 따뜻하게 해주는 효과가 강해져 기온이 상승하는데요. 이것이 인간 활동이 불러온 「지구온난화」입니다.

적절한 양의 온실효과 가스
태양으로부터 오는 햇빛과 우주로 빠져나가는 열이 균형을 이룬 적절한 온도

이산화탄소 농도 관측

이산화탄소의 평균농도는 꾸준히 높아지고 있어요. 이산화탄소는 공장의 배기가스 등의 영향을 받지 않도록 가능한 한 인간의 활동이 적은 지역에서 관측합니다. 2021년에는 우리나라의 이산화탄소 관측량이 역대 최고를 경신했다고 하는데요. 세계 각 지역에서도 똑같이 이산화탄소 농도가 상승하고 있는 것으로 관측되고 있습니다.

상승속도가 너무 빠른 온실효과 가스
태양에서 오는 햇빛보다 우주로 빠져나가는 열이 적기 때문에 지구 온도가 조금씩 높아지고 있어요.

기온상승

전 세계 연평균기온은 100년마다 0.73℃ 비율로 높아지고 있어요. 특히 2014년부터 2021년까지의 매년 연평균기온 값이 지금까지 측정한 순위에서 상위 8번째까지 차지하는 등, 근래에 높은 온도를 보이는 해가 계속되고 있습니다.

이산화탄소 외에 소가 트림할 때 배출되는 메탄가스도 온실효과 가스를 증가시킨데!

🌸 기후변동 때문에 일어나는 현상

공업이 크게 발전한 이후, 우리는 많은 이산화탄소를 배출해 왔습니다. 그 결과 2019년의 지구 이산화탄소 농도는 산업혁명 전인 1750년보다 1.5배 증가한 것으로 조사되었어요. 270년 동안의 이러한 이산화탄소 증가는 적어도 과거 80만 년 전까지는 없었던 현상입니다. 이런 급격한 변화로 인해 전 세계적으로 많은 악영향이 발생하고 있어요.

지금 바로 대책을 세우지 않으면 피해가 점점 커질 거 같아!

「빙하호수」가 넘쳐서 홍수가 발생

산악빙하에서 녹아내린 물이 지표면에 고이면서 큰 빙하호수가 생겼는데요. 다시 빙하가 녹아 빙하호수의 물이 계속해서 많아지면 결국에는 넘칠 것으로 예상됩니다. 넘쳐난 물은 토사와 섞여 산사태를 일으키면서 산 밑에 있는 지역에 홍수 피해를 줄 것이에요.

해수면의 상승

지구온난화로 인해 바닷물의 온도가 올라가면 해수면 밀도가 줄어들어 체적이 증가합니다. 그로 인해 해수면이 상승하게 되죠. 또 북극해의 얼음 위쪽에 있는 빙하가 녹아도 해수면이 상승하지만, 남극이나 그린란드 같이 대륙 위의 빙하가 녹아 바다로 흘러와도 바닷물이 많아지면서 역시나 해수면이 상승합니다.

동물의 멸종

북극해에는 육지가 없고 바닷물이 꽁꽁 얼은 거대한 얼음이 떠있어요. 그런데 2012년 9월에 이 얼음 면적이 사상 최소를 기록했습니다. 1980년대와 비교해 거의 반으로 줄어든 것이죠. 이 얼음 위에서 바다표범을 사냥해 살아가는 북극곰은 빙하가 줄어들면 사냥을 하지 못하게 되고, 결국은 먹이 부족으로 인해 사라지게 될지도 모릅니다. 북극곰 외에도 지구온난화의 영향으로 살 곳이나 먹을 것이 없어져 멸종 가능성이 높은 동물들이 많이 있습니다.

자연재해의 증가

기온이 올라가면 공기 속에 있는 수증기의 양도 많아져 많은 비가 내립니다. 반대로 건조한 지역에서는 비가 잘 내리지 않으면서, 높은 온도와 건조지역 확대로 인해 가뭄피해나 산불이 자주 발생하는 것으로 알려져 있습니다.

🌸 전 세계가 협력해요!

지구온난화는 한 나라의 노력만으로는 해결하지 못해요. 그 때문에 전 세계 모든 나라가 협력할 필요가 있습니다. 또 지구온난화는 과학자의 연구만으로도 해결하지 못합니다. 이산화탄소를 배출하지 않는 산업으로 어떻게 바꿔나갈 것인지, 온난화로 인한 피해의 증가에 어떻게 대응할 것인지 등등 과학에 기초해 각국 정부마다 방법을 찾아야 하는 것입니다.

IPCC(기후 변화에 관한 정부간 협의체)는 전 세계의 기후변화에 관한 연구 성과들을 모아서 각국 정책담당자에게 과학적 의견을 제시하는 단체로서, 1988년에 설립된 국제조직인데요. 전 세계 과학자들의 협력을 바탕으로 연구논문 등에 기초해 정기적으로 보고서를 만들고 있습니다.

🌸 노벨 평화상을 수상한 IPCC

1988년에 WMO(세계기상기구)와 UNEP(유엔환경계획)가 함께 설립한 IPCC는 지구온난화의 원인을 과학적으로 평가하고 기후 변화 문제의 해결을 위해 노력한 것이 인정되어 2007년에 노벨 평화상을 수상했습니다.

인물 | 노벨 물리학상을 수상한 기상학자들 / 마나베 슈쿠로와 클라우스 하셀만

2021년 노벨 물리학상은 마나베 슈쿠로 미국 프린스턴대 교수와 클라우스 하셀만 독일 막스플랑크연구소 교수가 공동수상했습니다. 그들은 대기뿐만 아니라 해양까지 모델에 접목한 대기해양 통합모델로 이산화탄소 증가에 따른 지구온난화를 연구해왔는데요. 기후 변화 문제가 심각해진 지금, 이 업적을 인정받아 기상 부문으로서는 최초로 노벨상 수상자로 선정된 것입니다. 그들은 "기후 문제는 한 나라만 해서는 의미가 없다며 국경을 초월한 협력이 꼭 필요하다."고 말했습니다.

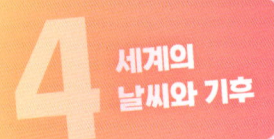

이상기후란 어떤 날씨일까?

지금까지의 경험에 비추어 크게 벗어난 현상

세계기상기구는 「30년에 한 번 있을까 말까한 현상」을 <u>이상기후</u>로 규정하고 있어요. 여태까지 30년 동안 경험한 적이 없을 만큼 더웠다거나, 추웠다거나, 비가 내렸다면 그것이 이상기후입니다. 지구온난화뿐만 아니라 열대지역의 해수면 수온 변화, 편서풍이 지그재그로 움직이는 현상, 대규모 화산폭발로 인한 화산재 때문에 태양빛이 차단되는 것 등도 이상기후를 일으키는 원인들인데요. 온난화와 일시적인 자연변화가 복잡하게 얽혀서 이상기후를 불러오는 것입니다.

🌼 포인트는 「편서풍의 지그재그 이동」

이상기후가 일어나는 원인으로 편서풍의 지그재그 이동이 관련되어 있어요. 편서풍이 지그재그로 크게 움직이면 남쪽에서 북쪽으로 가는 동안에 편서풍 영향권에 있는 지역은 평소보다 따뜻하고, 북쪽에서 남쪽으로 가는 동안의 영향권 지역은 평소보다 추워집니다. 이런 움직임이 같은 지역에 머무르면 비슷한 날씨가 계속되면서 이상기후가 일어나기 쉬워요. 이 편서풍의 지그재그 이동은 **엘니뇨**, **라니냐**라고 하는 열대지역의 바닷물 온도 변화로 인해 발생하는 경우도 있습니다.

> 편서풍은 하늘에서 서쪽에서 동쪽을 향해 부는 바람이야!

🌼 원인 가운데 하나는 「실크로드 텔레커넥션」

여름 이상기후를 일으키는 편서풍의 지그재그 이동의 원인으로 **실크로드 텔레커넥션**(Silk Road Teleconnection)이라는 현상도 알려져 있어요. 유라시아 대륙의 서쪽 끝 유럽에서 편서풍의 지그재그 움직임이 시작되고, 그것이 실크로드를 지나 유라시아 대륙의 동쪽 끝까지 전해지는 현상입니다. 텔레커넥션이란 어느 지역의 기상이 멀리 떨어진 곳까지 영향을 끼치는 것인데요. 이 텔레커넥션에 의한 편서풍의 지그재그 움직임이 오랫동안 계속되면 비슷한 날씨가 계속되면서 장마나 소나기, 한파나 열파 등과 같은 이상기후가 쉽게 일어납니다.

> 실크로드는 고대 중국과 서양을 연결하던 무역로야. 서양으로 비단을 주로 팔로 다녔던 길을 비단길=실크로드라고 했지!

🌸 이상기후를 불러오는 「블로킹」

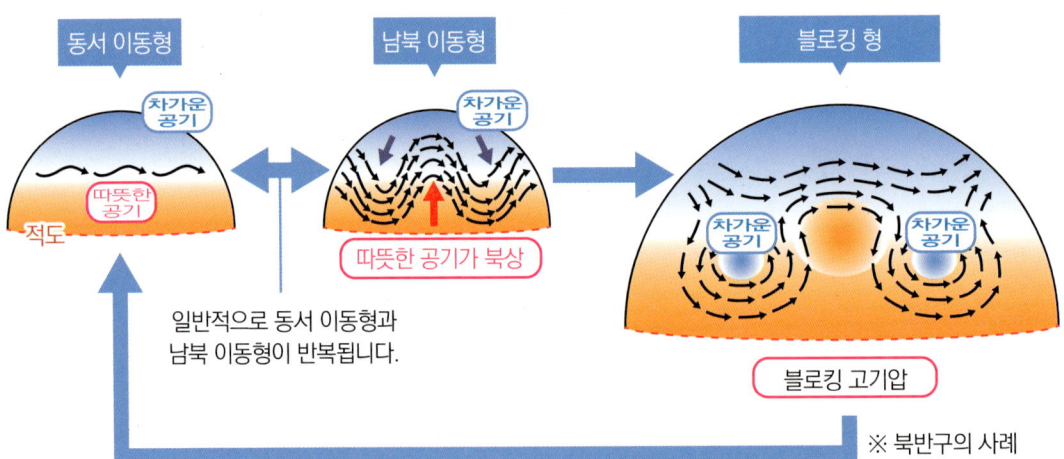

편서풍이 남북으로 크게 지그재그로 흐르면 대개는 편서풍을 타고 서쪽에서 동쪽으로 움직이던 고기압이나 저기압이 방해를 받아 멈춰버리는 경우가 있는데, 이것을 **블로킹**(Blocking)이라고 합니다. 기압들이 멈춰버린 지역에서는 많은 비가 내리거나 한파가 계속되는 등, 이상기후의 원인으로 작용하지요.

> 북극의 해빙이 편서풍의 지그재그 움직임에 영향을 준다는 연구도 있데!

용어해설

한파와 열파

한파는 겨울철에 넓은 지역에 걸쳐 2~3일 동안 또는 더 길게 기온을 떨어뜨리는 차가운 바람이 부는 것을 말해요. 반대로 **열파**는 넓은 범위에서 4~5일이나 그 보다 더 길게 고온의 공기로 인해 매우 더워지는 이상고온 현상을 말합니다.

🌐 세계각지에서 일어나고 있는 이상기후

전 세계의 평균기온이 해마다 높아지고 있어요. 더구나 21세기에 들어와서는 세계 각지에서 이상기후가 자주 발생하고 있습니다. 전 세계 대부분의 지역에서 과거보다 기온이 높아지고 있는 것으로 밝혀지고 있어요. 기온이 높아질 뿐만 아니라 폭우나 가뭄 등도 자주 발생해 사람들이 생활하는데 큰 피해를 주고 있습니다.

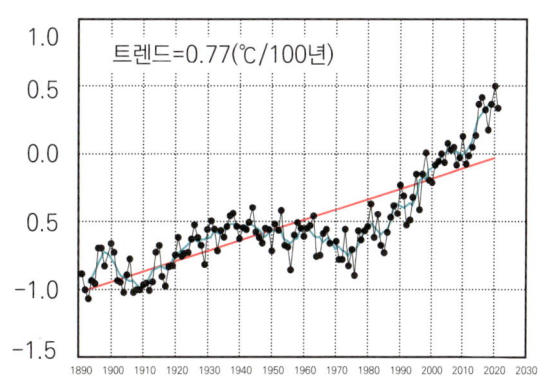

북반구의 연평균기온 변화추이(1891~2021년)

유럽의 폭염

서부 유럽에서는 2003년에 기록적인 폭염이 찾아오면서 관련 사망자가 7만 명이나 발생했다는 추정도 있습니다. 유럽 기후는 여름에도 쾌적한 곳이 많아서 에어컨 등이 별로 없었던 것 역시 많은 사망자를 불러온 배경으로 분석되었습니다.

중부 유럽의 홍수

중부 유럽에서는 2021년 7월에 기록적인 폭우가 내리면서 홍수가 났습니다. 특히 독일이나 벨기에가 큰 피해를 입었어요. 편서풍이 지그재그로 크게 움직이면서 저기압이 분리된 상태에서 발생한 폭우였습니다. 24시간 동안 150mm나 되는 비가 내렸어요. 비가 많이 내리는 나라의 강우량에 비하면 많은 편이 아니지만, 큰 비가 별로 내리지 않은 지역이라 강에 제방이 없었기 때문에 그 만큼의 비에도 큰 피해를 입은 것입니다.

미국의 고온과 가뭄

미국 남서부는 원래부터 산불이 많은 곳이지만, 2021년 여름에는 캘리포니아에서 역대 2번째로 큰 규모의 산불이 일어나 많은 주민이 대피하는 상황이 벌어졌습니다. 지구온난화로 인해 많은 비가 내리는 지역이 있는가 하면, 폭염이나 가뭄에 의해 산불이 자주 나는 곳도 있습니다.

미국 서부지역의 산불

❁ 더운 날이 많아지는 한국

한국은 전 세계평균보다 기온 상승이 큰 편으로, 106년 동안 1.8℃가 상승했어요. 최고기온 35℃ 이상의 폭염을 보였던 날이 1990년대 중반 이후에 급증하고 있습니다.

최고기온 35℃ 이상의 연간 폭염일수

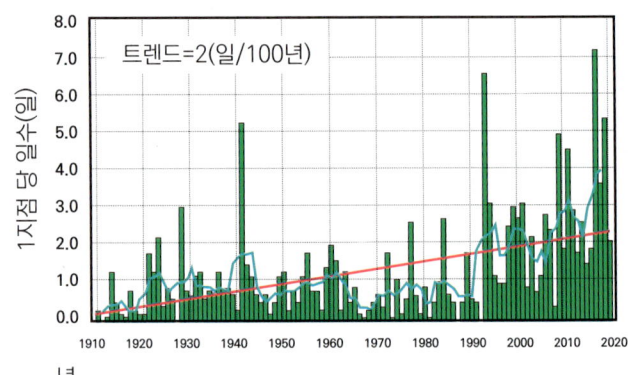

최고기온 35℃ 이상(폭염일)의 연간 폭염일수 변화추이 (1910~2021년)

출처: 日기상청

폭염이 발생하는 이유

폭염이 많아지는 배경에는 지구온난화뿐만 아니라 도시온도가 주변 다른 곳보다 높게 나타나는 **도시 열섬**(Heat Island) 현상도 있습니다. 또 다른 원인으로는 태평양고기압이나 티베트 고기압 같은 여름철의 고기압 상태도 관련되어 있지요. 게다가 산에서 불어오는 **푄 현상** 때문에 발생하는 경우도 많습니다.

폭염주의보	폭염경보
폭염으로 인하여 다음 중 어느 하나에 해당하는 경우	폭염으로 인하여 다음 중 어느 하나에 해당하는 경우
① **일 최고 체감온도** 33℃ 이상인 상태가 2일 이상 예상될 때	① **일 최고 체감온도** 35℃ 이상인 상태가 2일 이상 예상될 때
② 급격한 **체감온도** 상승 또는 폭염 장기화 등으로 중대한 피해 발생이 예상될 때	② 급격한 **체감온도** 상승 또는 폭염 장기화 등으로 광범위한 지역에서 중대한 피해 발생이 예상될 때

용어해설

폭염

2018년부터 폭염이 자연재난으로 규정되었고, 과거에는 일 최고기온을 기준으로 폭염특보가 발표가 되었지만, 현재는 실질적인 폭염피해를 최소화하기 위해 기온, 습도 등을 종합적으로 고려해서 사람이 체감적으로 느낀다고 볼 수 있는 온도인 체감온도 기반으로 폭염특보를 발표하고 있어요.

폭염일수가 많아지면 열사병 환자도 증가하고 건강에도 악영향을 주지!

증가하는 폭우

기온이 올라가면 공기가 흡수할 수 있는 수증기 양도 많아져요. 폭우의 재료로 작용하는 수증기가 많아진다는 것은 폭우가 증가한다는 뜻이기도 하죠. 수십 년의 강수량을 분석한 그래프를 보면 폭우 일수가 늘거나 줄거나를 반복하면서도 서서히 증가하고 있다는 사실을 알 수 있습니다.

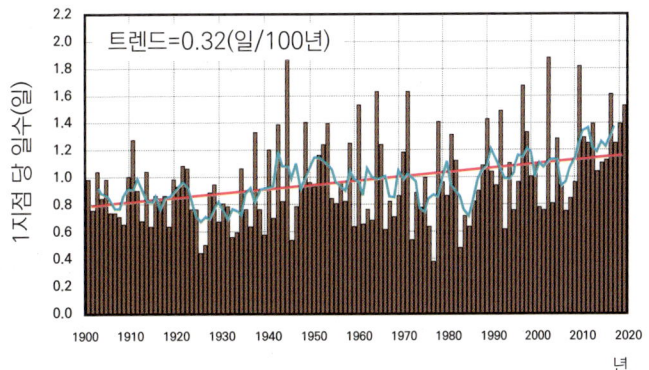

하루 강수량이 100mm 이상이었던 연간일수

전국의 하루 강수량이 100mm 이상이었던 연간일수의 변화추이
(1901~2021년)

출처: 日기상청

폭우에 대비하는 시설정비

폭우가 계속해서 내리면 토사붕괴나 홍수 같은 피해가 발생하기 쉬워요. 지구온난화로 인해 폭우가 더 심해질 것으로 예상되므로 지금보다 강의 제방을 더 높이 쌓는 등의 대책도 필요합니다.

지하철역이나 지하도, 지하상가 같이 낮은 장소는 특히나 폭우에 대비해야 하겠지!

「엘니뇨현상」

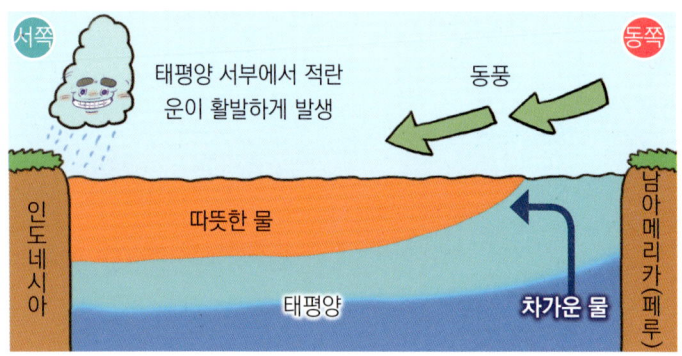

일반적으로
적도에 위치한 남아메리카 페루 부근의 바닷물은 동풍인 무역풍의 영향으로 차가운 바닷물이 올라오는 지역입니다. 그 때문에 적도부근의 태평양 동쪽은 서쪽보다 바닷물 온도가 낮아요.

엘니뇨현상 무역풍이 약해지면서, 평소 같으면 낮아야 할 적도부근의 태평양 동쪽의 바닷물 온도가 높아지는 현상을 말합니다.

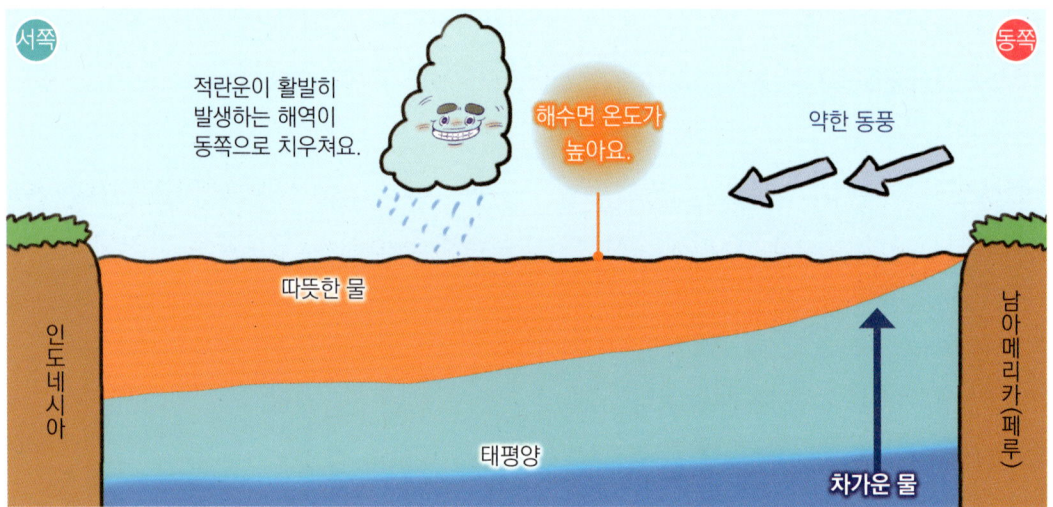

　태평양 적도인근의 날짜변경선 부근부터 남미 해안까지는 동쪽에서 부는 무역풍의 영향으로 차가운 바닷물이 상승하는 지역입니다. 때문에 적도 근처는 바닷물 온도가 낮아요.
　몇 년마다 이 무역풍이 약해지면서 이 부근의 바닷물 온도가 평년보다 높아지고, 그것이 지속되는 **엘니뇨(El Niño)현상**이라고 부릅니다. 엘니뇨는 스페인어로 「남자아이, 아기예수」라는 의미로, 원래는 크리스마스 전후로 발생하는 페루 근해의 따뜻한 해류를 가리켰어요. 엘니뇨현상이 일어나면 전 세계 기후에 여러 가지 영향을 끼치는데요. 한국에서는 장마가 길어지고, 여름 기온이 낮아져 농작물 수확량이 줄어들기도 합니다.

🌸 여름 폭염의 원인이기도 한 「라니냐현상」

라니냐현상 무역풍이 강해지면서 적도부근의 태평양 동쪽 바닷물 온도가 평소보다 더 낮아져요.

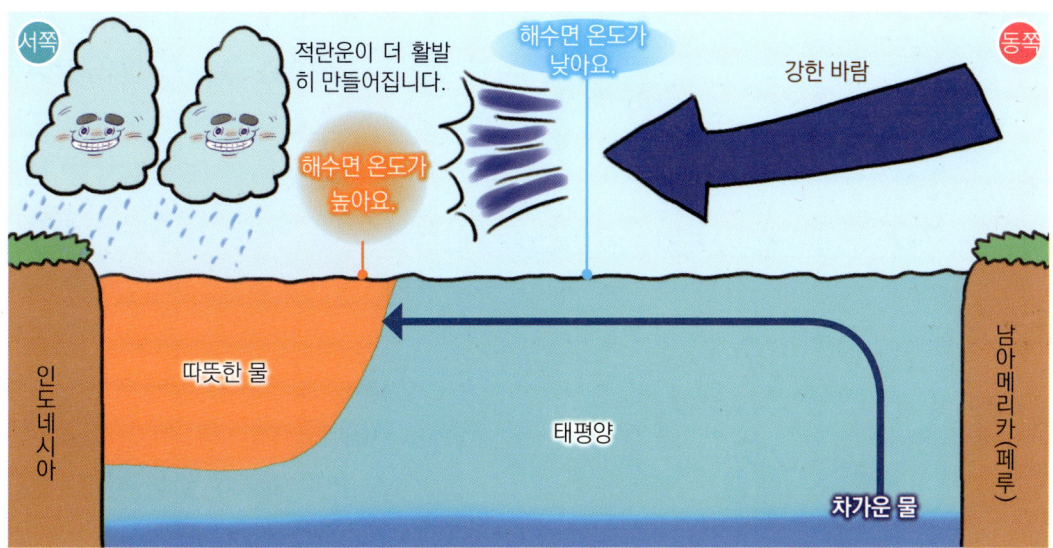

  엘니뇨와는 반대로 동풍인 무역풍이 강해지면서 적도인근의 날짜변경선 부근부터 남미해안에 걸쳐 평년보다 바닷물 온도가 낮아지는 현상을 **라니냐**(La Niña)현상이라고 합니다. 「라니냐」는 스페인어로 여자 아이라는 뜻이에요. 라니냐현상이 일어나는 해에 한국에서는 여름에 강수량이 적어져 가뭄피해가 발생하기도 했습니다.

🌸 도시가 더워지는 「열섬현상」

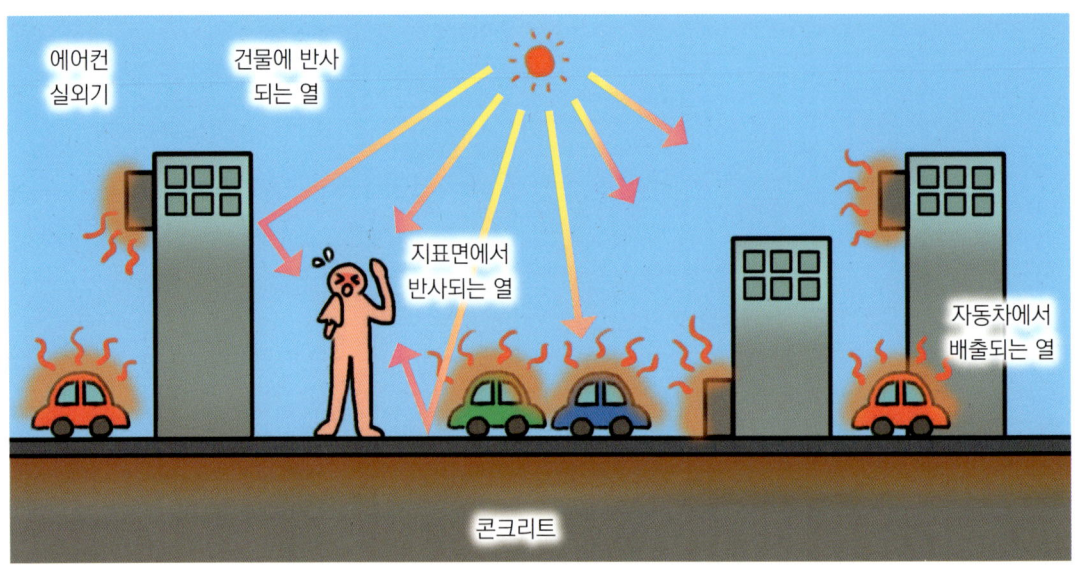

열섬(Heat Island)현상이란 **도시의 기온이 교외보다 높은 현상**을 말해요. 초원이나 삼림, 논밭 같은 곳은 햇빛을 받으면 수분을 증발시켜서 열을 없애지만 콘크리트나 아스팔트는 햇빛을 받아 뜨거워지면 열을 흡수하여 저녁에도 좀처럼 차가워지지 않는 성질이 있거든요. 또 도시지역에서는 자동차나 에어컨 등을 사용하면서 열이 배출되죠. 게다가 빌딩 같은 건축물들은 바람이 지나가는 길을 막아버려 기온이 잘 떨어지지 않을 때도 있습니다. 이런 이유들 때문에 도시지역은 농촌지역보다 기온이 높아져요. 지구온난화로 인한 기온상승과 더불어 도시지역에서는 폭염일수나 열대야 증가가 심해지고 있습니다.

열섬현상과 지구온난화로 인해 도시 지역의 겨울철 최저기온도 올라가고 있어!

🌸 산을 넘으면서 기온이 높아지는 「푄현상」

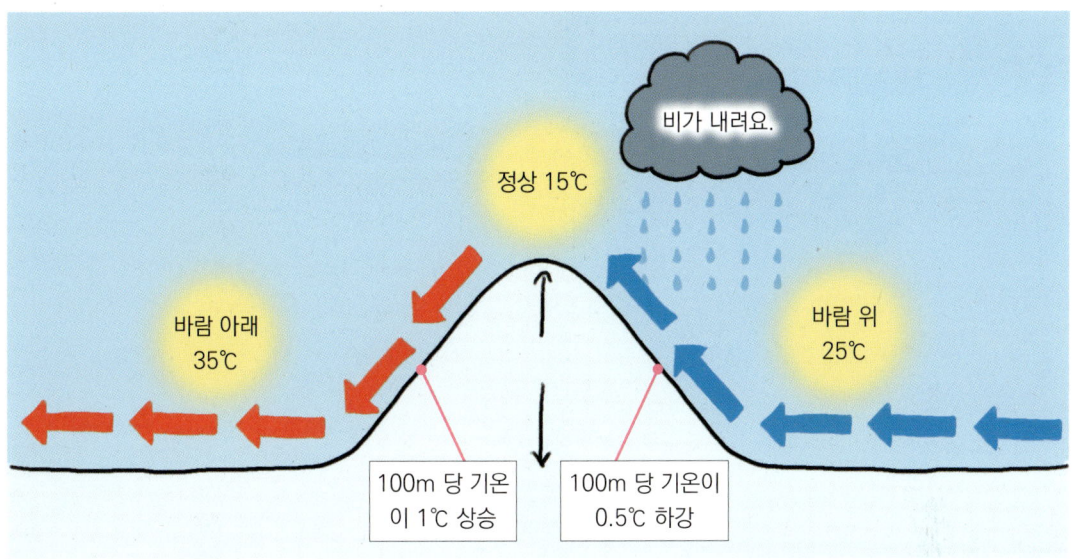

푄(Foehn)현상이란 바람이 높은 산을 넘어서 이동할 때 산기슭 쪽으로 뜨겁고 건조한 공기가 부는 현상을 말해요. 해수면으로부터 습도가 높은 공기가 유입되어 산에 부딪치면 공기는 산맥을 따라 상승합니다. 상승으로 인해 기압이 낮아지고 공기가 팽창하면서 기온이 떨어지죠. 그러면 공기 속의 수증기가 차가워져 결국 구름이 만들어집니다. 수증기가 물로 바뀔 때는 열이 발생하기 때문에 구름이 만들어지면 기온이 쉽사리 안 떨어져요. 구름은 산을 넘는 동안에 비나 눈을 뿌리기 때문에 산을 넘어가면 건조한 공기로 바뀌어 산 밑으로 내려가는데, 이번에는 기압이 높아지기 때문에 압축되어 기온이 올라갑니다. 이런 원리로 산을 넘어서 불어오는 공기는 산을 오르기 전 공기보다 건조하고 기온도 높은데, 이것이 푄현상이에요.

산에서 불어오는 바람은 공기가 건조하기 때문에 기온은 높은데도 더위를 잘 느끼지 못하기도 하지. 다만 뜨겁고 건조한 강한 바람이기 때문에 화재에는 주의가 필요해!

◉ 대기가 불러오는 여러 가지 현상

지표면 상태와 대기현상이 겹쳐서 모래폭풍이나 황사, 삼림화재 같은 것들이 발생해요.

순식간에 한 쪽 방향이 모래 속으로!「모래폭풍」
모래폭풍은 먼지나 모래가 강풍에 의해 하늘까지 솟구친 다음 바람으로 부는 자연현상인데요. 사막에서는 특히 거대한 모래폭풍이 많이 발생합니다. 모래폭풍에 휩쓸리면 순식간에 앞을 보지 못하면서 자동차 충돌사고가 일어나기도 하고 건강에 악영향을 끼치기도 해요. 모래폭풍의 원인은 건조한 사막 지역에서 저기압이나 한랭전선으로 인해 바람이 강해지기 때문입니다.

공기가 누렇게 보이는「황사」
중국이나 몽골 등에 펼쳐져 있는 사막 모래는 모래폭풍에 의해 하늘로 올라간 다음, 바람을 타고 멀리까지 날아갑니다. 편서풍을 타고 동쪽으로 날아가면 한국이나 일본 등에서는 황사로 관측되는 것이죠. 자동차나 건물에 누런 황사가 쌓이거나 구름이 없는 하늘을 누렇게 만들기도 합니다.

황사가 알레르기나 호흡기 질환과 어떤 관계가 있는지에 관한 조사도 이루어지고 있어. 또 황사하고 미세먼지가 같이 날아오는 경우도 많지!

대기와 함께 움직이는 「연무(에어로졸)」

연무(Aerosol)란 공기 속에 떠다니는 미세한 입자 같은 것들을 말하는데요. 공장이나 자동차에서 배출되는 가스(그 가운데 건강에 악영향을 주는 미세먼지가 많이 알려져 있음), 담배나 나무가 탈 때 나는 연기, 황사 같이 사막에서 솟구치는 모래, 화산분화로 인한 화산재, 파도의 물보라가 증발하면서 생기는 미세한 소금 입자, 꽃가루도 연무(煙霧) 종류에 들어갑니다. 원자력 발전소 사고로 인해 흩어진 방사성 물질까지 연무 형태로 날아다닌다고 하네요.

이처럼 인공적으로 배출된 에어로졸은 환경에 큰 영향을 주지만, 태양빛을 어떻게 차단하고 우주로 나가는 적외선을 어떻게 바꾸는지 등등, 지구온난화에 끼치는 영향이 아직 확실히 밝혀지지 않았기 때문에 연구가 진행 중이에요. 또 에어로졸은 수증기가 응결되면서 구름이 만들어질 때 응결핵이 되는 등, 날씨 변화에서도 중요한 역할을 합니다.

코로나19 바이러스도 사람이 배출하는 에어로졸에 섞여서 공기 속을 떠다니지. 그러니까 실내 공기는 자주 환기시키는 것이 중요해!

에어로졸은 눈에는 보이지 않을 때도 있지만 인간 생활에 영향을 끼치는 것도 많아!

 선생님 생태계에 큰 영향을 주는 「산불」

산이나 숲 같은 곳에서 발생하면 광범위하게 번지는 산불. 산불은 천둥번개 등에 의해 발생하는 자연현상 가운데 하나로, 원래는 산이나 숲 같은 생태계를 유지하는데 중요한 역할을 했습니다. 여기에 인간의 활동이 더해지면서 산불의 성질도 바뀌어 **재해**라는 이미지가 강해졌죠. 근래에는 지구온난화와 기후변동으로 인해 가뭄이나 건조화가 심해진 지역도 있어서 삼림화재 확대가 우려되고 있는데요. 또 삼림화재 자체, 즉 나무가 타면서 대기 속으로 이산화탄소를 대량 방출한다는 사실도 잊어서는 안 됩니다.

산불로 인해 불타버린 삼림

좀 더 알고 싶다! ①

미래의 기상관련 일에 꿈을 꿉니다!

날씨나 기상에 관해 더 알고 싶다면 우선 기상청 홈페이지 등을 방문해 보도록 합시다. 자격증 시험을 통해 더 자세히 공부하는 방법도 있어요. 장래에 기상관련 일을 해보고 싶다면 「기상면허」 자격 취득이 많은 도움이 될 것입니다. 여기서는 어떻게 하면 기상과 관련해 더 자세한 정보를 얻을 수 있는지에 관해 살펴볼게요.

❶ 기상청 홈페이지나 기상위성 천리안의 영상을 살펴봐요!

기상청 홈페이지는 일기예보나 재난정보 외에 날씨와 관련된 다양한 정보가 제공됩니다.
https://www.weather.go.kr/w/index.do

기상위성 천리안이 현재 관측하고 있는 영상을 실시간으로 볼 수 있는 곳입니다.
https://www.kma.go.kr/w/image/sat/gk2a.do

❷ 기상면허란?

우리나라의 기상면허에는 기상예보사와 기상감정사 두 가지가 있어요.

기상예보사

기상현상에 관하여 관측된 결과를 바탕으로 앞으로의 기상상태를 예상하여 제공하는 역할을 하는 사람입니다. 방송, 신문 등의 언론매체나 인터넷 등을 통하여 기상예보를 제공해요.

기상감정사

기상현상에 관하여 관측된 결과를 바탕으로 특정 지점의 기상현상을 추정하거나, 그 기상현상이 특정 사건에 미친 영향의 정도와 그로 인하여 발생한 피해규모 등을 판단하는 역할을 하는 사람입니다.

❸ 활동 가능한 분야

대학 등의 연구기관, 기상청이나 군대 외에 민간 기상회사, 보도기관 등의 미디어 회사도 있어요. 이밖에도 활동가능한 곳이 점점 늘어나고 있습니다.

민간 기상회사

기상 캐스터를 TV방송국에 파견하거나, 기상예측이나 날씨에 관한 앱을 개발하기도 하고, 기업이나 지자체에서 기상과 관련된 일을 전문가로서 지원하는 등 다양한 서비스를 제공합니다. 올림픽·패럴림픽 등과 같은 스포츠 대회에서도 기상예보사가 활동하지요.

❹ 기상에 관련된 일

군대에서의 기상학

국가의 안전을 지키는 군대. 사실은 항공기와 관련된 기상정보만 다루는 공군 기상전문 인력이 따로 있습니다. 구름 등과 같은 기상 관측을 통해 공군의 항공기 운항 등을 중점적으로 지원해요. 재난발생 시 군대의 지원이 필요할 때는 이런 분들의 뒷받침이 필수적입니다.

TV방송국의 기상캐스터

많은 사람이 TV로 보는 일기예보. 일기예보의 주인공이라고 할 수 있는 기상캐스터가 되기 위해서는 역시나 기상예보사 자격을 따는 것이 좋아요. 일기예보는 어느 방송이든지 365일 꼭 해야 하는 일이에요.

좀 더 알고 싶다! 2 기상예보사가 되어보자.

일본의 경우, 1993년에 일기예보를 기상청이 아닌 다른 곳에서도 제공할 수 있도록 기상예보사 제도가 만들어졌다. 일기예보에는 자연재해로부터 사람의 생명을 지킨다는 중요한 사명이 있다. 정확하지 않은 일기예보는 사회적 혼란을 일으킬 위험이 있기 때문에 당시까지는 일기예보를 기상청만 발표할 수 있었다. 하지만 일기예보에 대한 국가시험을 합격한 기상예보사가 관여한다는 조건으로 기상청 외에도 일기예보를 발표할 수 있게 된 것이다. 사회를 풍부하게 만드는데 있어서 기상정보는 매우 중요하다. 자유로운 일기예보를 통해 기상정보가 널리 퍼지게 되었다.

기상예보사
- 우리나라는 2009년 기상예보사, 기상감정사 면허 제도 시행
- 면허취득 조건을 갖추고 기상예보사나 기상감정사 면허를 받으려는 사람은 환경부령으로 정하는 바에 따라 기상청장에게 신청하면 심사 후 면허증을 발급
- 현재 약 600명 면허 발급
- 기상예보사 면허를 받은 사람은 면허 취득 후 매 5년마다 보수교육을 받아야 함

면허 취득 요건

기상예보사	1. 기상예보기술사 취득한 자 2. 기상기사 자격 취득 후, 기상 관련 분야 2년 이상 경력자 3. 기상기사 자격 취득 후, 기상예보사 면허를 받기위한 교육과정 140시간 이수자
기상감정사	1. 기상감정기사 자격 취득 후, 기상 관련 분야 2년 이상 경력자 2. 기상감정기사 자격 취득 후, 기상감정사 면허를 받기위한 교육과정 140시간 이수자

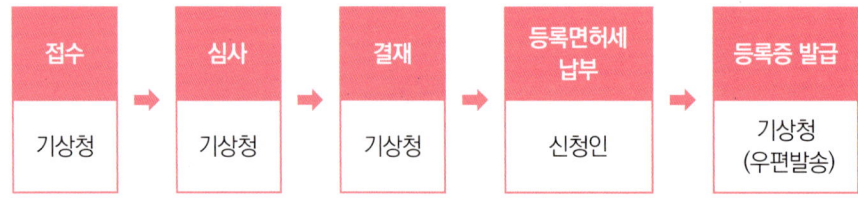

기상청에서는 무슨 일을 할까?

　기상청이라고 하면 가장 먼저 일기예보를 떠올리는 사람이 많을 텐데요. 일기예보는 기상청 외에 민간 회사에서도 발표하잖아요. 기상청만이 할 수 있는 일은 국민의 생명과 재산에 관한 재난기상 정보를 발표하는 것입니다. 물론 민간의 일기예보를 포함해서 예보의 기초정보는 이 책에서 언급한 것처럼 관측이나 수치예보이기 때문에, 이와 관련된 기술개발이나 운용도 기상청의 주요 업무 가운데 하나이죠. 또한 기상청은 해외 관련 기관과 협력하여 다양한 지구환경에 관한 정보를 발표하기도 해요.

기상학과 비즈니스

　날씨는 사람이 활동하는데 큰 영향을 끼칩니다. 날씨가 좋으면 밖으로 나가고 싶고, 추우면 따뜻한 국물이 먹고 싶어지는 것처럼 사람과 밀접한 관계가 있죠. 이렇게 「날씨가 행동에 주는 영향」을 데이터로 분석하면 가게의 매출을 올린다거나 식재료 손실을 줄일 수도 있고, 많은 전력이 사용되는 타이밍을 예측해 절전을 권장하는 등 자원을 절약할 수도 있어요. 현재 우리나라에서는 많은 기업들이 이런 방식을 도입하는데 힘쓰고 있어요.

날씨를 분석해 사업에 응용해볼까?

보험
급격한 기상변화로 인해 다양한 분야에서 입는 사업적 손실을 대비한 보험상품 개발!

소매업
계절 일기예보를 파악해 계절상품 매상을 올리는데 활용!

여행업
멋진 자연현상(신기루, 오로라 등)이 발생하는 곳에서는 일기예보를 통해 그 현상이 나타날 확률을 예측!

전력
전력햇빛으로부터 태양광 발전을 할 수 있는 양을 예측하고 풍속으로부터는 풍력발전량을 예측! 또 기온으로부터 전력 이용량을 예측!

농업
지구온난화에 대비해 품종을 개량!

물류
일기예보를 통해 도로 상황을 파악함으로써 트럭의 이동경로를 변경!

도전! 1 일기도를 만들어 보자!

◉ 일기예보가 만들어지는 과정과 날씨 읽는 법을 배울 수 있습니다.

국립기상박물관에서는 일기도 그리기 체험학습을 온라인으로 운영하고 있습니다.
온라인체험학습 동영상으로 들어가셔서 일기도 그리기를 체험해 보세요~
국립기상박물관 교육체험프로그램
#1. 일기도그리기
https://www.youtube.com/watch?v=fLXPQ6Ezrjk

◉ 워크북을 다운로드 해서 일기도 그리는 법과 기호 읽는법을 배워 보아요.

일기도그리기 워크북과 실습지는 국립기상박물관 홈페이지에서도 다운로드 받을 수 있습니다. (http://science.kma.go.kr/museum)

워크북 다운로드:

https://drive.google.com/file/d/1Lqe6D56LWaRXMzfD-Jyo8Vl73TXw1ohc/view?usp=sharing

일기도실습지 다운로드:

https://drive.google.com/file/d/1gUz5Sj_AuSHijq1z9SMd1NoGNlXghjUz/view?usp=sharing

- 국립기상박물관에서는 방문하는 관람객을 대상으로 일기도 그리기 교재를 나눠 주고 있어요.

전국 각 지방기상청이나 기상과학관 (http://science.kma.go.kr/science/)에서도 일기도 그리기 등 다양한 체험 프로그램을 운영하고 있습니다.

도전! 2 자신만의 표준관측목을 정해서 개화시기를 적어보자.

🌸 표준관측목은 전국에 있다!

기상청에서는 해마다 봄이되면 진달래, 개나리, 매화, 벚꽃 등 봄꽃 개화시기를 발표하고 있는데 이 기준이 되는 것이 바로 전국적으로 지정되어 있는 표준관측 목이다. 계룡산 국립공원 동학사 일대 벚꽃 군락단지 의 관측 기준은 바로 동학사치안센터 맞은 편 벚꽃 3 그루가 기준이고, (여의도 윤중로 벚꽃군락단지의 관 측기준은 국회 동문 건너 영등포구청 수목관리번호 118~120번 벚나무가 기준이다.) 이 벚나무 아래에는 표준관측목이라는 표석도 있는데요, 전국 주요 벚꽃 군란단지의 꽃이 핀 경우 개화날짜를 발표하고, 사진 을 홈페이지에 제공하고 있어요. 계절이 빠른지 늦은 지를 알 수 있겠죠

계룡산 국립공원 동학사치안센터 맞은 편 벚꽃 표준관측목

벚꽃 개화시기의 정의

표준관측목에서 꽃이 세송이 이상 피면 「개화」, 80%이상 피면 「만발」이라고 한다.

자신의 표준관측목를 정해서 개화시기를 정해보자.

학교나 근처 공원에서 자라는 벚꽃 나무를 자신의 표준관측목로 정해서 관찰해 보자.
꽃은 의외로 빨리 필 때도 있다. 매일 빼놓지 말고 관찰해가며 개화나 만개를 예측해 보자.

활짝 핀 벚꽃

벚꽃뿐만 아니라 매화나무나 은행나무, 단풍나무도 표준관측목에 들어가 있어!

벚꽃이 피는 시기를 계산할 수 있을까?! 600℃ 법칙

표준관측목을 관찰해 꽃이 피는 시기를 예상하는 것 외에, 계산을 통해 개화시기를 예상할 수 있는 「600℃ 법칙」이라는 것이 있다. 이 법칙은 「2월 1일부터 최고기온 합계가 600℃를 넘으면 꽃이 핀다」는 내용이다. 하루하루의 온도 체크를 통해 이 법칙대로라면 언제쯤 꽃이 필지를 표준관측목으로 확인해 보자.

온난화로 인해 벚꽃 개화시기가 점점 빨라지나?

「휴면타파」라고 하는 메커니즘이 있어서, 한겨울에 별로 춥지 않으면 벚꽃이 꽃을 피워야 하는 시기를 몰라 개화가 늦어지는 경우도 있다. 온난화가 진행되면 벚꽃이 제때에 피지 않는 지역이 나타날지도 모른다.

계산을 통해서 개화시기를 예측할 수 있다니, 굉장한데!

알고가요! 단풍이 절정인 시기도 계산할 수 있다!

벚꽃뿐만 아니라 단풍이 절정인 시기도 계산할 수 있는 「10, 10, 10 법칙」이라는 것도 있다. 이것은 「최저기온이 10℃ 미만인 날이 10일 연속 계속되면 단풍이 들기 시작해, 10일 이후에 절정을 맞으면서 10일 동안 전성기를 보낸다」는 법칙이다.

용어풀이

가을 하늘 … 이동성 고기압이 우리나라를 덮으면서 전국적으로 푸른 하늘이 펼쳐진 모습. 공기도 상쾌해서 생활하기에 쾌적하다.

가을장마 … 8월 말~10월에 북쪽으로 올라간 장마전선이 시베리아 고기압과 부딪쳐 한반도를 내려올 때 비를 동반하는 기상현상

강설량 … 일정 기간 동안 새롭게 내려서 쌓인 눈의 깊이

강수확률 … 예보 지역에서 일정한 시간 동안 1mm 이상의 비 또는 눈이 내릴 확률

게릴라 호우 … 집중호우보다 좁은 범위에 몇 십 분에 몇 십mm 정도로 내리는 비. 갑자기 작은 개천물이 넘치거나 도로가 침수되는 등의 피해를 주기도 하는 비

경보 … 상당한 재해발생 우려가 있다는 사실을 알려주는 정보

계절예보 … 2주 후나 1개월 후 같이, 하루가 아니라 어느 정도 기간을 평균해서 날씨 흐름을 예보하는 것

계절풍(몬순) … 바다와 육지는 계절에 따라 온도차이가 발생하는데, 계절에 따라 부는 방향이 바뀌는 바람

고기압 … 주변보다 기압이 높고, 등압선으로 둘러싸인 부분. 고기압 안쪽은 하강기류이기 때문에 구름이 잘 생기지 않아 날씨가 좋다.

고적운 … 중층운. 벌집 같이 하얀 구름 덩어리가 규칙적으로 늘어선 것은 양떼구름이라고도 한다. 그밖에 렌즈모양의 구름 등, 다양한 형상의 구름이 있다.

고층운 … 중층운. 구름을 통해 태양이나 빛이 어슴푸레하게 보인다고 해서 높층구름이라고도 한다.

과냉각 물방울 … 구름이나 안개 속에서 영하로 떨어져도 얼지 않고 물방울로 존재하는 것

관천망기 … 하늘 상태, 구름 모습 등을 보고 날씨를 예상하는 것

국지풍 … 어느 특정한 지역에서 지형 등의 영향으로 인해 부는 바람

권운 … 상층운. 새털구름이라고도 한다. 새털 모양이나 점(콤마) 모양이 많다.

권적운 … 상층운. 비늘구름으로 불리는 것에서도 알 수 있듯이, 하얗고 작은 알갱이 같은 구름 덩어리가 규칙적으로 늘어서 있는 구름

권층운 … 상층운. 얇은 헝겊 모양의 구름으로, 달이나 태양 주위로 무리(빛의 윤곽)가 생긴다. 예전부터 날씨가 나빠질 징조로 알려져 있다.

극고압대 … 북극과 남극에 있는 고기압. 1년 내내 추운 극지방이기 때문에 지상 부근에는 차가운 고기압이 있다.

극궤도위성 … 상공 800~1000km에서 지구의 세로방향으로 도는 위성. 도는 동안에 지구가 자전하기 때문에 지구 위를 구석구석까지 관측할 수 있다.

극동풍 … 북극이나 남극의 극고압대에서 아한대 저기압(고위도 저기압) 쪽으로 부는 바람. 특히 남극 주변에서 자주 볼 수 있다.

기단 … 넓은 지역에 걸쳐서 기온이나 습도가 똑같은 공기 덩어리

기상레이더 … 안테나에서 전파를 쏘아서 비나 눈 입자에 부딪쳐 돌아오는 반사파를 사용해 비나 바람 등을 관측하는 장치

기상위성 천리안 … 24시간 내내 한반도를 관측할 수 있는 정지궤도 기상위성

기상위성 … 지구의 대기 등을 관측하는 인공위성으로 저기압 또는 전선 등의 정확한 위치와 크기 등을 관측한다.

기압 … 대기의 압력. 공기에도 무게가 있어서, 머리 위에 있는 공기의 무게가 기압이라고 하는 힘이다.

꽃샘추위 … 3월이 지나 따뜻해지고 꽃이 필 때 쯤 날씨가 다시 일시적으로 추워지는 현상 또는 봄에 따뜻하던 날

씨가 갑자기 돌변하면서 나타나는 겨울 같은 추위

나
- **나무 서리** ··· 나뭇가지에 작은 얼음 알갱이가 달라붙어 반짝반짝 빛나는 것. 바람에 의해 옮겨온 과냉각 물방울이나 수증기가 수목 같은 것에 부딪쳐 생긴다.
- **난층운** ··· 중층운. 비나 눈을 내리게 하는 구름이라고 해서 먹구름이라고도 한다. 넓고 큰 구름이기 때문에 검은 회색으로 보인다.
- **날씨기호** ··· 비나 맑은 날 등의 날씨를 기호로 나타낸 것
- **남극 세종 과학기지** ··· 남극대륙 북쪽, 킹조지 섬 바턴반도에 있는 한국 최초의 남극과학기지로써 1988년 2월 준공되었다.
- **남극 장보고 과학기지** ··· 남극대륙 본토, 남극 빅토리아랜드 테라노바 만 연안에 있는 한국의 두 번째 과학기지로써 2014년 2월 준공되었다.
- **냉대 동계건조 기후** ··· 겨울 추위가 특히 심하고, 여름은 비교적 고온에 비도 내린다.
- **냉대 습윤 기후** ··· 겨울 추위가 심하고 연간 기온차이가 큰 기후. 1년에 걸쳐 비가 내리고, 눈이 많이 쌓이는 지역도 있다.
- **냉하(덥지 않은 여름)** ··· 기온이 매우 낮은 여름. 대부분의 작물에 냉해를 입혀 농사를 망치게 한다.

다
- **단풍전선** ··· 단풍나무들의 단풍이 북쪽에서 남쪽으로 내려오는 모습을 나타낸 것
- **대기 불안정** ··· 적란운이 커지기 쉬운 대기 상태. 상층에 차가운 바람이 흘러들어 오거나, 하층으로부터 따뜻하고 습한 공기가 들어와서, 지표면 부근이 햇빛에 의해 따뜻해질 경우가 많다.
- **대기경계층** ··· 지상에서 약 1km까지의 공기층. 대기가 지표면이나 해수면과 접촉하면 지표면이나 해수면과 열이나 수증기를 주고받는다. 또 지표면이나 해수면과 마찰해 바람의 방향이나 속도에 영향을 주는 것 외에, 조그만 소용돌이가 많기 때문에 대기경계층 안의 공기가 잘 섞인다.
- **도플러 효과** ··· 소리 같은 파동의 발생원이 이동하거나 파동을 관측하는 사람이 이동하면, 관측되는 파동의 주파수가 바뀌는 현상. 구급차의 사이렌이나 전자 소리가 다가올 때와 멀어져 갈 때 소리 높이가 다르게 들리는 것도 도플러 효과 때문이다.
- **돌풍** ··· 갑자기 부는 강한 바람이지만 오래 불지 않는다. 적란운에 의한 돌풍에는 회오리나 다운버스트(강한 하강기류) 등이 있으며, 피해를 줄 위험이 있다.
- **동장군** ··· 시베리아 기단으로 인해 나타나는 매우 추운 날씨
- **등압선** ··· 똑같은 기압 부분을 연결한 선

라
- **라니냐현상** ··· 태평양 적도의 날짜변경선 부근부터 남미 연안에 걸쳐서 해수 온도가 평균보다 낮아지는 현상
- **라디오존데** ··· 수소나 헬륨 같은 가벼운 기체를 가득 채운 기구에 통신장비와 함께 매달아 상공의 기상관측과 데이터 송신을 하는 관측기기. 지상 약 30km 정도 높이까지 관측할 수 있다.

마
- **모래폭풍** ··· 티끌이나 모래가 강풍에 의해 솟구쳐 올라 상공에서 떠다니는 자연현상
- **무더위지수** ··· 인체와 외부 온도와의 열 교환을 나타내는 지수. 습도와 햇빛 등과 같은 주변의 뜨거운 상황, 기온 3가지 요소를 반영한 것
- **무역풍** ··· 열대부근에서 1년 내내 거의 같은 방향으로 동쪽에서 부는 바람

바
- **바다안개(해무)** ··· 습하고 따뜻한 바람이 차가운 바다 상공으로 흘러들어와 공기가 식으면서 발생하는 안개
- **바람방향(풍향)** ··· 바람이 불어오는 방향
- **방사냉각** ··· 지표면 열이 밤에 적외선 형태로 우주로 빠져나가면서 온도가 떨어지는 것
- **백 빌딩** ··· 바람 위에서 계속해서 새로운 적란운이 만들어진 다음 커지면서 아래쪽으로 이동하는 현상으로, 선상강수대를 유지시킨다.

북태평양 고기압 … 북태평양에서 여름에 강해지는 고기압. 이 고기압의 영향으로 여름다운 날씨를 보인다.

북태평양 기단 … 적도 부근 북태평양에서 발생하는 덥고 습한 해양성 기단으로 우리나라 여름철에 더위를 가져온다.

블로킹 … 편서풍이 남북으로 크게 지그재그로 흐르면서 대개는 편서풍을 타고 서쪽에서 동쪽으로 움직이던 고기압이나 저기압의 이동을 막아버리는 것. 이상기상의 원인으로 작용한다.

빙설 기후 … 가장 따뜻한 달의 평균온도조차 영하일 정도로 1년 내내 눈과 얼음 세계를 만드는 기후

사막 기후 … 가장 건조한 기후. 사람이 살지 않는 지역이 많다.

사바나 기후 … 1년 내내 기온이 높고, 건기와 우기가 있는 기후

사이클론 … 발생이나 커가는 과정은 태풍과 똑같지만, 인도양이나 태평양 남부에 있는 열대 저기압

삼림재해 … 산이나 삼림 같이 광범위한 지역에서 발생하는 화재

상승기류 … 바람이 산에 부딪치거나, 저기압이나 전선의 영향, 주변보다 따뜻한 공기가 있거나 하는 등의 이유로 공기가 상승하는 것

서고동저 … 서쪽에 고기압이 있고 동쪽에는 저기압이 위치하는 겨울철 기압배치

서안 해양성 기후 … 주로 유라시아 대륙의 서해안 부근에서 자주 나타나는 기후. 1년 내내 기온이나 강수량 변화가 적다. 호주 동부나 뉴질랜드에도 나타난다.

선상강수대 … 많은 비를 뿌리는 적란운이 계속해서 만들어지면서 선상으로 늘어서듯이 적란운 무리가 생기는 것이다.

소나기 … 맑은 여름 점심때부터 해질녘까지 일시적으로 많이 내리는 비

스텝 기후 … 사막 기후 다음으로 건조한 지역이지만 초원이 만들어질 만큼의 비는 내린다. 목축이나 농업도 가능한 지역

시베리아 기단 … 러시아 내륙에서 발생하는 기단으로 대륙에서 발생하기 때문에 차갑고 건조하다.

실크로드 텔레커넥션 … 편서풍의 지그재그 이동이 유럽에서 시작해 유라시아 대륙을 횡단한 다음 동아시아까지 전해지는 것

싸라기눈 … 구름에서 떨어지는 직경 5mm 미만인 얼음 알갱이

아

IPCC … 전 세계 기후변동에 대한 연구를 통해 과학적 견해를 정책담당자들에게 제시하기 위해서 1988년에 설립된 국제조직

앙상블 예보 … 조건을 조금씩 바꿔가면서 여러 가지를 예측한 다음, 그 결과들로부터 통계적 처리를 거쳐 오차를 줄인다거나 오차를 예보하는 일

에어로졸(연무) … 공기 속에 떠다니는 미세한 입자 같은 것들. 예를 들면 배출 가스나 황사, 화산재, 메탄가스 등이 있다.

엘니뇨현상 … 태평양 적도영역의 날짜변경선 부근부터 남미해안에 걸쳐 바닷물 온도가 평균보다 1년 동안 계속 높은 상태를 나타내는 현상

여우비 … 하늘은 푸르고 구름도 없는 날씨에서 잠깐 동안 내리는 비

열대몬순 기후 … 겨울에도 온도가 높고, 계절풍의 영향으로 우기와 건기가 있는 기후

열대우림 기후 … 1년 내내 고온에 비가 많이 내리고, 열대우림이 발달한 기후

열대저기압 … 열대에서 발생하고 커지는 저기압. 강한 저기압은 지역에 따라 태풍이나 허리케인 등으로 불린다.

열섬 현상 … 도시 외곽지역보다 도시 온도가 높아지는 현상

오존층 … 오존은 산소원자 3개가 결합된 기체인데, 성층권인 고도 25km 부근의 대기 속에 많아서 그 층을 오존층이라고 부른다. 유해한 자외선으로부터 생물을 지켜주는 역할을 한다.

오호츠크해 기단 … 러시아 캄차카 반도 부근 바다 위에서 만들어지는 차갑고 습한 기단

온난습윤기후 ··· 여름은 덥고 겨울은 추워서 4계절이 뚜렷하다. 1년에 걸쳐 비교적 강수량이 많다.

온난전선 ··· 차가운 공기 쪽으로 이동하는 전선. 이 전선이 지나가면 기온이 올라간다.

온대저기압 ··· 중위도나 고위도에서 발생해 크기가 몇 천 km 정도나 되는 저기압으로, 전선을 동반하는 경우가 많다.

온실가스 효과 ··· 지구표면에서 우주로 빠져나가는 적외선을 줄여서 지표면 부근을 따뜻하게 해주는 기체. 이 가운데 이산화탄소나 메탄가스 등은 인간의 활동에 의해 대기 속으로 배출되는 양이 해마다 증가하면서 지구온난화를 불러오는 원인으로 지목 받고 있다.

우박 ··· 적란운에서 떨어지는 직경 5mm 이상의 얼음 덩어리

이동성고기압 ··· 온대저기압과 번갈아 동쪽으로 이동하는 고기압. 봄과 가을에 많이 나타난다.

이상기온 ··· 과거에 경험한 적이 없을 정도의 기상 상황으로, 어떤 장소, 어떤 지역에서 30년 동안 1회 이하로 발생하는 현상을 이상기온으로 정의한다.

일기도 ··· 지도에 등압선이나 고기압, 저기압, 전선 등을 그려 넣은 그림

자

자연재해 ··· 폭우에 의한 홍수나 토사붕괴, 지진, 가뭄 등과 같이 자연으로 인해 일어나는 재해

자외선 ··· 태양빛 가운데 눈에 보이는 빛보다 파장이 짧아서 눈으로 보이지 않는 빛. 적절한 양의 자외선은 몸에 좋은 영향을 주지만, 너무 많이 노출되면 검어지거나 피부암 등의 원인이 된다.

장마전선 ··· 고온 다습한 북태평양 기단과 한랭 습윤한 오호츠크 해 기단이 만나 형성하는 정체성이 강한 전선으로 많은 비를 불러온다.

재생가능 에너지 ··· 햇빛이나 풍력 같이 자연에서 얻을 수 있는 에너지. 온실효과를 불러오는 가스 배출이 없다는 점, 자원량이 석유나 석탄처럼 한정적이지 않다는 장점이 있다. 지구온난화 대책에 있어서 중요한 에너지이다.

저기압 ··· 주변보다 기압이 낮고 등압선으로 둘러싸인 부분. 저기압 안은 상승기류이기 때문에 구름이 많아 비가 잘 내린다.

적란운 ··· 대기상태가 불안정할 때 적운에서 발달해 높이 10km를 넘기도 하는 세로로 거대한 구름. 많은 비를 뿌리거나 천둥번개가 치기도 한다. 때로는 회오리 등과 같은 돌풍이 불 때도 있다.

적운 ··· 하층기류에 의해 만들어지는 구름. 맑은 날에 두둥실 떠 있는 솜 같은 솜구름으로도 익숙하다. 날씨 상태가 불안정할 때는 세로방향으로 커지면서 적란운으로 바뀌는 경우도 있다.

전선 ··· 기단의 경계. 바람의 방향이나 속도가 바뀌기도 하고, 비나 눈을 동반하는 경우가 많다.

정전기 ··· 물체와 물체를 마찰하면 발생하는 전기

정지궤도 기상위성 ··· 적도 상공 36,000km에서 지구의 자전과 함께 하루에 거의 한 바퀴를 돌면서 항상 적도상의 같은 경도 위에서 관측하는 기상위성. 여러 나라가 쏘아올린 정지궤도 기상위성과 협력하여 지구 전체를 관측하는 셈이다.

정체전선 ··· 거의 같은 위치에 머물러 있는 전선

제트기류 ··· 고도 1만m 부근에서 부는 매우 강한 편서풍

주의보 ··· 재해발생 우려가 있다는 사실을 알려주는 정보

증기안개 ··· 따뜻한 바닷물에서 증발한 수증기가 상공으로 흘러들어온 차가운 공기에 의해 식으면서 발생하는 안개

지구온난화 ··· 인간의 활동으로 인해 이산화탄소 등의 온실효과 가스가 증가하면서 지구 전체의 평균기온이 상승하는 것

지균풍 ··· 기압이 높은 곳에서 낮은 쪽으로 작용하는 힘(기압 경도력)과 코리올리의 힘이 균형을 이루면서 부는 바람. 바람이 등압선과 거의 평행으로 분다.

지중해성 기후 ··· 1년 내내 온난한 기후. 겨울에는 비가 많이 내리기, 여름에는 맑은 날이 많고 건조하다.

집중호우 … 좁은 범위에 몇 시간 동안 백mm부터 몇 백mm까지 내리기 때문에, 피해를 불러오는 많은 비

차
첫눈 … 가을에서 겨울로 가면서 처음 내리는 눈. 눈과 비가 섞인 진눈깨비가 내려도 첫눈으로 관측된다.
층운 … 하층운. 하층운 가운데서도 특히 지표면으로 낮게 깔리면서 생기는 회색이나 하얀 구름. 지표면과 접촉하면서 안개가 된다.
층적운 … 하층운. 흐린 날씨 때 자주 보이며, 여러 가지 모양이 있다.

카
코리올리의 힘 … 회전하는 면에 있는 물체의 이동방향과 수직으로 작용하는 외관상의 힘
쿠로시오 해류 … 일본 남쪽을 지나가는 난류. 플랑크톤 등이 적으며, 햇빛이 반사되지 않고 깊은 바다로 빨려들어가기 때문에 검게 보인다.

타
탄소 중립 … 인간 활동으로 인한 온실효과 가스 배출량과 흡수량의 균형을 맞춤으로써 온실효과 가스 증가를 0으로 만드는 것
태풍 … 북서쪽 태평양 또는 남중국해에 존재하는 열대저기압 가운데 저기압 영역내의 최대풍속이 대략 17m/s 이상인 것
토네이도 … 회오리바람. 미국의 대평원은 강력한 토네이도가 많이 발생하는 곳으로 알려져 있다.
툰드라 기후 … 여름 기온은 낮고 1년 내내 눈에 덮여 있지만, 여름에는 땅이 녹으면서 아주 약간의 식물도 자란다.

파
편서풍 … 중위도 같은 곳에서 서쪽에서 동쪽으로 지구를 한 바퀴 도는 바람
폐쇄전선 … 한랭전선의 움직임이 온난전선 움직임보다 빠른 속도로 움직여 온난전선을 따라잡은 전선
포화 수증기량 … 1m³ 공기 속에 들어갈 수 있는 최대 수증기량(g). 온도가 높으면 양도 커지고, 온도가 낮으면 양이 작아진다.
폭염 … 우리나라는 낮 최고온도가 33℃ 이상이면 폭염주의보, 35℃ 이상이면 폭염경보를 내린다.
폭탄저기압 … 중심기압이 24시간 동안에 대략 20hPa 이상 떨어지며 급격히 커지는 온대저기압
푄 … 원래는 알프스 산맥을 넘어서 독일이나 스위스 등의 중앙 유럽으로 부는 건조한 남풍
푄현상 … 바람이 높은 산을 넘어서 이동할 때, 산기슭을 향해 뜨겁고 건조한 공기가 흘러들어가는 현상
풍력 … 바람의 강도
피뢰침 … 송곳처럼 뾰족한 금속제품 장치로서, 일부러 피뢰침으로 번개를 유도해 전기를 땅으로 흐르게 하여 건물이 피해를 받지 않도록 한다.

하
한랭전선 … 따뜻한 날씨 쪽으로 이동하는 전선. 이 전선이 지나가면 기온이 떨어진다.
해들리 순환 … 따뜻하고 습한 적도부근의 활발한 적란운 활동이 상승기류를 만들면 상승한 공기는 고위도를 향해 흐른 다음, 위도 20~30도 부근 아열대에서 하강한다. 하강한 공기는 다시 적도를 향해 흘러가고, 적도부근에 모인 공기는 다시 상승기류를 탄다. 이렇게 저위도 부근에서 일어나는 대기 순환을 해들리 순환이라고 한다.
해양기상관측선 … 기상관측을 주요 목적으로 하는 배. 일반 상선이나 어선 중에서도 기상을 관측해 통보하는 배가 많다.
허리케인 … 북대서양이나 카리브해, 멕시코만과 서경 180도보다 동쪽인 북동 태평양 같은 지역의 열대저기압에서 일정한 강도로 부는 폭풍. 발생하거나 발달 과정은 태풍과 거의 똑같다.
화이트아웃 … 눈보라나 구름·안개로 인해 눈앞에 하얀색만 보이는 것
황사 … 중국과 몽골 내륙의 사막지대 등에서 강풍으로 인해 상공으로 휘날린 미세한 모래입자가 편서풍을 타고서서 한국이나 일본 같은 동쪽 지역에 떨어지는 현상. 봄에 많이 발생한다.

参考文献

- 『ゼロからわかる天気と気象 : 超図解 : 天気の知識をまとめた保存版!』荒木健太郎（監）ニュートンプレス
- 『天気と気象大図鑑』荒木健太郎（監修）ニュートンプレス
- 『気象・天気の新事実 : 気象現象の不思議 : ビジュアル版』木村龍治（監）新星出版社
- 『くぼてんきの「天気のナンデ?」がわかる本』くぼてんき（著）あさ出版
- 『空と天気のふしぎ』武田康男（監）ポプラ社
- 『ユーキャンの気象予報士入門テキスト : きほんの「き」』ユーキャン気象予報士試験研究会 編（）ユーキャン学び出版・自由国民社
- 『空のふしぎがすべてわかる! すごすぎる天気の図鑑』荒木健太郎（著）KADOKAWA
- 『宇宙放送局こちらマリーです!』週刊かがくるプラス 33号（）朝日新聞出版
- 『宇宙放送局こちらマリーです!』週刊かがくるプラス 24号（）朝日新聞出版
- 『一般気象学 第2版補訂版』小倉義光（著）東京大学出版会
- 『図解身近にあふれる「気象・天気」が3時間でわかる本 : 思わずだれかに話したくなる』金子大輔（著）明日香出版社
- 『気候変動監視レポート 2021』（気象庁）
- 『数値予報解説資料集』（気象庁）

参考資料

- 『日本の気候変動 2020 ―大気と陸・海洋に関する観測・予測評価報告書―』（文部科学省・気象庁）

参考URL

https://www.panasonic.com/jp/corporate/sustainability/citizenship/pks/library/010air/air001.html
https://www.jaxa.jp/countdown/f17/overview/venus_j.html
https://www.data.jma.go.jp/gmd/env/ozonehp/3-10ozone.html
https://www.data.jma.go.jp/gmd/env/ozonehp/3-30ozone_o3hole.html
https://www.panasonic.com/jp/corporate/sustainability/citizenship/pks/library/020energy/ener009.html
https://www.panasonic.com/jp/corporate/sustainability/citizenship/pks/library/020energy/ener005.html
https://www.suikon.or.jp/kansai/mizunokoto/about/about3.html
https://www1.kaiho.mlit.go.jp/KAN5/soudan/faq_kuroshio.html
http://www.fish-jfrca.jp/02/pdf/ryuutu/001.pdf
https://hp.otenki.com/4787/
https://www.kankyo.metro.tokyo.lg.jp/kids/climate/what_heat_island.html
https://www.jma.go.jp/jma/kishou/know/faq/faq13.html
https://www.tokyo-np.co.jp/article/11408
https://www.data.jma.go.jp/nagoya/shosai/info/shikumi.html
https://www.jma.go.jp/jma/kishou/know/yougo_hp/kaze.html
https://www.data.jma.go.jp/obd/stats/data/bosai/tornado/
https://www.jma.go.jp/jma/kishou/know/typhoon/1-3.html
https://www.jma.go.jp/jma/kishou/know/typhoon/3-2.html
https://www.jma.go.jp/jma/kishou/know/typhoon/2-1.html
https://www.jma.go.jp/jma/kishou/know/typhoon/5-1.html
https://www.jma.go.jp/jma/kishou/know/typhoon/4-2.html
https://www.jma.go.jp/jma/kishou/know/tenki_chuui/tenki_chuui_p4.html
http://www.rd.ntt/se/media/article/0015.html
https://www.data.jma.go.jp/gmd/env/acid/info_acid.html
https://www.tokiomarine-nichido.co.jp/world/egao/taio/gousetsu/mechanism.html
https://www.jma.go.jp/jma/kishou/know/yougo_hp/kousui.html
https://www.panasonic.com/jp/corporate/sustainability/citizenship/pks/library/007typhoon/typ014.html
https://www.kankyo.metro.tokyo.lg.jp/kids/climate/what_heat_island.html
https://news.yahoo.co.jp/byline/morisayaka/20190510-00125407
https://www.data.jma.go.jp/gmd/env/aerosolhp/aerosol_obs.html
https://www.ndl.go.jp/koyomi/chapter3/s7.html
https://www.jma.go.jp/jma/kishou/know/faq/faq19.html
https://www.kankyo.metro.tokyo.lg.jp/kids/climate/global_climate/what.html
https://www2.nhk.or.jp/school/movie/clip.cgi?das_id=D0005403208_00000
https://toyokeizai.net/articles/-/478724
https://www.jma-net.go.jp/sendai/knowledge/business/agriculture/2_section1.pdf
https://kids.gakken.co.jp/kagaku/kagaku110/science0324/#:~:text=%E9%9B%B2%E3%81%AF%E5%B0%8F%E3%81%95%E3%81%84%E6%B0%B4%E3%82%84%E3%81%AF%E7%99%BD%E3%81%8F%E8%A6%8B%E3%81%88%E3%82%8B%E3%81%AE%E3%81%A7%E3%81%99%E3%80%82
https://earthobservatory.nasa.gov/images/7079/historic-tropical-cyclone-tracks
https://www.otowadenki.co.jp/knowledge_mechanism/
https://www.data.jma.go.jp/obd/stats/data/bosai/report/2020/20200811/jyun_sokuji20200703-0731.pdf
https://www.data.jma.go.jp/obd/stats/data/bosai/report/2019/20191012/jyun_sokuji20191010-1013.pdf
http://kishou.u-gakugei.ac.jp/experiments/junior/doc06.pdf
https://www.ihi.co.jp/ihi/all_news/2017/technology/1190413_1639.html
https://www.power-academy.jp/sp/electronics/familiar/fam03200.html
https://www.jma.go.jp/jma/kishou/know/typhoon/1-2.html
https://www.jma.go.jp/jma/kishou/books/hakusho/2019/index2.html#toc-044
https://himawari8.nict.go.jp/
https://www.jma.go.jp/bosai/map.html#5/34.525/137.021/&elem=ir&contents=himawari
https://www.jma.go.jp/bosai/nowc/#zoom:5/lat:35.173808/lon:133.989258/colordepth:deep/elements:liden&hrpns
https://www.data.jma.go.jp/mscweb/ja/general/geopolar.html
https://www.jma.go.jp/jma/kishou/know/upper/kaisetsu.html
https://www.jma.go.jp/jma/kishou/books/amekaze/amekaze_ura.png
https://www.jma.go.jp/jma/kishou/know/env/kosa/fcst/
https://www.jma.go.jp/bosai/map.html#10/31.593/130.656/&contents=ashfall&code=506
https://www.jma.go.jp/jma/kishou/know/whitep/1-3-8.html
https://www.nhk.or.jp/syakai/dcontent/unit004/jugyo/sec005/chap002/print_4_5_2_2.pdf
https://www.data.jma.go.jp/cpdinfo/monitor/2021/pdf/ccmr2021_sec2-3.pdf
https://www.data.jma.go.jp/cpdinfo/monitor/2021/pdf/ccmr2021_sec2-4.pdf
https://www.jma.go.jp/jma/kishou/know/yougo_hp/mokuji.html
https://www.nhk.or.jp/kaisetsu-blog/400/453958.html
https://www.data.jma.go.jp/gmd/kaiyou/data/db/kaikyo/knowledge/kairyu/kairyu.html
https://kotobank.jp/word/%E6%B5%B7%E6%B5%81-43047
https://www.data.jma.go.jp/fcd/yoho/data/hibiten/2019/1907.pdf
https://www.data.jma.go.jp/sat_info/himawari/obsimg/image_typh.html#typh
https://www.jma.go.jp/jma/kids/kids/faq/kigou.pdf
https://www.data.jma.go.jp/fcd/yoho/data/hibiten/2022/2202.pdf
http://tenki.u-gakugei.ac.jp/
https://www.jma.go.jp/jma/kishou/know/whitep/1-3-2.html
https://www.data.jma.go.jp/sat_info/himawari/satellite.html
https://www.jma.go.jp/jma/kishou/know/kansoku/syowabase/syowa.html
https://www.jma.go.jp/jma/kishou/know/upper/kaisetsu.html
https://docs.google.com/spreadsheets/d/1PVmGBGkQfBXVOyBMtTLzc4NuUprsS3mVVhQ0c5Jjr3A/edit#gid=0
https://www.jma.go.jp/jma/kishou/books/kikendo_child/kikendo_child202103_o_high.png
https://www.jma.go.jp/jma/kishou/know/typhoon/7-1.html
https://www.data.jma.go.jp/mscweb/ja/general/geopolar.html
https://www.jma.go.jp/jma/kishou/know/radar/kaisetsu.html
https://www.jma.go.jp/jma/kishou/know/kurashi/kaiseki.html
https://www.jma.go.jp/jma/kishou/know/yougo_hp/kazehyo.html
https://www.jma.go.jp/jma/kishou/books/doshamesh/riskmap_landslide202106_u_high.png
https://www.jma.go.jp/jma/kishou/know/kurashi/highres_nowcast.html

찾아보기

ㄱ
가시광선 ·· 58
강수확률 ······························· 130, 131, 200
강우 ··· 134, 163
게릴라 호우 ·························· 100, 102, 200
계곡풍 ··· 83
계절예보 ····································· 139, 200
계절풍 ················· 42, 80, 158, 160, 174, 200
고기압 ················ 28, 33, 38, 40, 80, 82, 83, 112,
116, 165, 167, 182, 200
고온다습 ······································ 83, 160
고적운 ·································· 57, 63, 107, 200
고층운 ··· 57, 200
공기의 파도 ·· 63
과냉각 ···································· 75, 200, 201
관천망기 ······························ 62, 110, 111, 200
국지풍 ···································· 80, 83, 200
권적운 ··· 57, 200
권층운 ··· 57, 200
기상관측 ··············· 116, 119, 122, 123, 127, 128,
129, 201, 204
기상 레이더 ······························ 122, 126, 145
기상예보사 ································· 192, 193, 194
기상위성 천리안 ············ 122, 125, 143, 156, 192, 200
기상캐스터 ······································ 193
기압 ············ 23, 33, 35, 37, 39, 41, 46, 50, 81, 82,
86, 88, 96, 101, 112, 114, 116, 118, 144, 148,
150, 152, 156, 165, 167, 168, 182, 184, 189,
190, 200

ㄴ
난층운 ·· 53, 56, 201
날씨기호 ····························· 113, 114, 115, 116, 201
남극 과학 기지 ······································· 122
남반구 ·················· 30, 31, 35, 42, 82, 84, 124, 160
냉대 동계건조 기후 ······························ 158, 201
냉대 습윤 기후 ·································· 158, 201
냉해풍 ·· 83

ㄷ
다운버스트 ···································· 98, 201
대기 ············· 18, 20, 28, 32, 48, 59, 61, 62, 70, 90,
97, 103, 113, 135, 164, 176, 190, 200

대기경계층 ······································ 48, 201
대류권 ····································· 20, 23, 24, 33
더위지수(WBGT) ·································· 147
도시 열섬(Heat Island) 현상 ····················· 48, 184
도플러 효과 ································· 127, 201
동한난류 ·· 46

ㄹ
라니냐 ····························· 139, 181, 187, 201
라디오존데 ····························· 123, 129, 201
루이스 프라이 리처드슨(Lewis Fry Richardson) 120

ㅁ
모래폭풍 ····································· 190, 201
모루구름 ······································ 24, 27, 85
무역풍 ··················· 33, 42, 80, 82, 163, 186, 187, 201
무풍현상 ·· 83

ㅂ
방사냉각 ····································· 61, 69, 201
별똥별 ··· 20, 21
보퍼트 ··· 99
복사냉각 ····································· 49, 69, 82
복사안개 ·· 69
북반구 ·············· 30, 31, 34, 35, 39, 42, 47, 82, 84, 85,
152, 160, 182, 183
북태평양 기단 ···················· 165, 166, 167, 172, 202, 203
북한한류 ·· 46
블레즈 파스칼 ······································· 36
블로킹 ·· 182, 202
빌헬름 비야르크네스(Vilhelm Friman Koren Bjerknes)
·· 120
빙설 기후 ···································· 159, 202

ㅅ
사바나 기후 ································· 158, 161, 202
사이클론 ···························· 35, 88, 89, 96, 202
상층운 ··· 56, 57, 200
서리 ···························· 56, 75, 77, 79, 173, 201, 208
서안 해양성 기후 ································ 158, 202
선상강수대 ······················· 103, 104, 105, 201, 202
성층권 ····································· 20, 21, 24, 27, 202
소나기 ···························· 70, 115, 131, 170, 181, 202
슈퍼셀 ··· 98
슈퍼컴퓨터 ································ 95, 105, 119, 121
스텝 기후 ···································· 158, 160, 202
시로코(Sirocco) ···································· 83
시베리아 고기압 ······················· 74, 165, 167, 200
시베리아 기단 ···················· 167, 168, 175, 201, 202
신재생에너지 ································ 154, 155
실크로드 텔레커넥션 ··························· 181, 202
싸락눈 ·· 78, 79

ㅇ

앙상블 예보 139, 143, 202
얼음결정 72, 73, 77
에반젤리스타 토리첼리(Evangelista Torricelli) ... 39
엘니뇨 139, 163, 181, 186, 187, 202
여우비 71, 202
열권 20, 21
열대몬순 기후 158, 160, 202
열대우림 기후 158, 161, 202
열섬현상 188
오로라 20, 21, 195
오존 구멍 21, 122
오호츠크해 기단 165, 167, 202
온난습윤 기후 159
온난전선 149, 151, 152, 153, 203, 204
우박 56, 78, 79, 97, 203
운해 61
위험도 94, 141
이류안개 69
인공위성 20, 36, 124, 200
일기도 110, 112, 114, 116, 137, 149, 153, 165, 196, 203
일기예보 110, 112, 119, 120, 123, 125, 130, 132, 138, 154, 156, 192, 194, 196

ㅈ

자외선 20, 21, 137, 202, 203
장마전선 101, 165, 167, 170, 171, 200, 203
저기압 33, 38, 40, 46, 62, 80, 82, 84, 86, 88, 96, 101, 112, 116, 148, 150, 152, 165, 182, 190, 203
적란운 23, 24, 26, 33, 42, 53, 56, 61, 70, 78, 84, 86, 90, 95, 96, 98, 100, 102, 104, 151, 163, 186, 203
적운 26, 57, 60, 63, 102, 107, 200, 203, 204
정체전선 151, 152, 203
제트기류 33, 43, 169, 203
조지 해들리(George Hadley) 33
중층운 56, 57, 200, 201
증기안개 69, 203
지구온난화 18, 29, 155, 176, 178, 179, 180, 183, 184, 185, 188, 191, 195, 203
지균풍 41, 203
지상관측장비 122, 123
지중해성 기후 158, 203
진눈깨비 79, 115, 174, 204
집중호우 13, 100, 101, 104, 105, 200, 204

ㅊ

채운 64, 65, 129, 201
천둥번개 22, 24, 26, 27, 56, 90, 91, 92, 93, 94, 95, 145, 191, 203
천리안 122, 123, 124, 125, 143, 156, 192, 200
층운 53, 56, 57, 156, 200, 201, 204
층적운 57, 107, 204

ㅋ

코리올리의 힘 34, 35, 41, 203, 204
쿠로시오 해류 46, 47, 204

ㅌ

탄소 중립 155, 204
태풍 35, 46, 84, 86, 88, 96, 98, 101, 110, 124, 142, 144, 148, 149, 156, 165, 204
토네이도 24, 27, 96, 97, 98, 108, 162, 204
툰드라 기후 159, 204

ㅍ

편서풍 28, 33, 43, 82, 86, 113, 118, 136, 158, 161, 163, 168, 169, 172, 180, 182, 190, 204
폐색전선 151, 153
포화 수증기양 50, 51
폭염경보 146, 184, 204
푄현상 83, 184, 189, 204
표준관측목 15, 198, 199
피뢰침 93, 204

ㅎ

하층운 56, 57, 204
한랭전선 149, 151, 152, 153, 190, 204
해들리 순환 33, 204
해류 46, 47, 155, 161, 186, 204
해륙풍 40, 81, 83
해양기상관측선 123, 204
허리케인 47, 88, 89, 148, 149, 162, 202, 204
헥토파스칼 36, 88, 113, 149
화이트 몬스터 75
황사 136, 169, 190, 191, 202, 204
황해난류 46
회절효과 64

KODOMO KISHOGAKU
© SHINSEI PUBLISHING CO.,LTD. 2022
Originally published in Japan in 2022 by SHINSEI PUBLISHING CO.,LTD.,TOKYO.
Korean Characters translation rights arranged with SHINSEI PUBLISHING CO.,LTD.,TOKYO,
through TOHAN CORPORATION, TOKYO and Botong Agency, SEOUL.

이 책의 한국어판 저작권은 Botong Agency를 통한 저작권자와의 독점 계약으로 골든벨이 소유합니다.
신 저작권법에 의하여 한국 내에서 보호를 받는 저작물이므로 무단전재와 무단복제를 금합니다.

날씨가 좋으면 행복이 비쳐요!!

세상가득
어린이 기상예보

1판 2쇄 펴낸날 2024년 1월 10일

日 감수 구마 켄이치 도쿄대학 첨단 과학기술 연구센터 / 시니어 프로그램 어드바이저
韓 감수 서태건 기상청 운영지원과 시설관리팀장
번역 최영원
교정 안명철

펴낸곳 주니어골든벨 | **발행인** 김길현
편집·디자인 조경미, 박은경, 권정숙 | **제작진행** 최병석 | **웹매니지먼트** 안재명, 서수진, 김경희
공급관리 오민석, 정복순, 김봉식 | **오프라인마케팅** 우병춘, 이대권, 이강연 | **회계관리** 김경아

등록 제1987-000018호
주소 서울시 용산구 원효로 245(원효로 1가 53-1) 골든벨 빌딩 5~6F
전화 도서 주문 및 발송 02-713-4135 / 회계 경리 02-713-4137
         내용 관련 문의 02-713-7452 / 해외 오퍼 및 광고 02-713-7453
홈페이지 www.gbbook.co.kr
ISBN 979-11-5806-658-1
정가 17,000원

일러스트: 장정
이미지 제공: 日기상청, 기상청 날씨누리, 국가기상위성센터, 국립기상박물관, 한국항공우주연구원, Shutterstock, iclickart

* 주니어골든벨은 (주)골든벨의 어린이 도서 브랜드입니다.
* 이 책은 저작권법에 따라 보호받는 저작물이므로, 저작권자와 주니어골든벨의 허락 없이는 이 책의 내용을 쓸 수 없습니다.